DAS ORAKEL DER ROSE

REBECCA CAMPBELL

ARTWORK
KATIE-LOUISE

KÖNIGSFURT URANIA

Die in diesem Buch enthaltenen Informationen und Ratschläge wurden von der Autorin sorgfältig recherchiert und geprüft. Eine Garantie kann dennoch nicht übernommen werden. Die Informationen und Ratschläge sind außerdem nicht dazu gedacht, die Beratung durch einen Arzt oder Therapeuten zu ersetzen, sofern eine solche angezeigt ist. Eine Haftung der Autorin oder des Verlags ist ausgeschlossen.

Bibliographische Information der Deutschen Nationalbibliothek
Die Deutsche Nationalbibliothek verzeichnet diese Publikation in der Deutschen Nationalbibliographie; detaillierte bibliographische Daten sind im Internet über http://dnb.d-nb.de abrufbar.

Deutsche Erstausgabe
2. Auflage 2025
Titel der Originalausgabe: The Rose Oracle

Königsfurt Urania Verlag GmbH, Ringstr. 32, 24103 Kiel, Deutschland
www.koenigsfurt-urania.com – info@koenigsfurt-urania.com

Übersetzung und Lektorat: Christiane Schönemann, Hamburg
Umschlaggestaltung: Antje Betken, Oldenbüttel
Satz und Layout: Antje Betken, Oldenbüttel
Druck, Bindung, Karten- und Schachtelproduktion: Leo Papers, Hongkong

ISBN 978-3-86826-794-5

FSC www.fsc.org
MIX
Papier | Fördert gute Waldnutzung
FSC® C020056

Für meine Großmutter, Margaret Watt,
die mich mit den Blumen vertraut gemacht hat
und deren Hände immer in der Erde steckten.

Und für alle, die auf der Suche nach ihren
Wurzeln sind und diese heilen wollen.

INHALT

DIE ROSE

Die uralten Mysterien der Rose

DAS ORAKEL

Die Arbeit mit dem Orakel der Rose

DIE KARTEN

Botschaften und Interpretationen

DIE ROSE

Die uralten Mysterien der Rose

△

DER RUF DER ROSE

Mutter Rose hat mir seit vielen Jahren ihre Botschaften zugeflüstert. Letztendlich hat sie mich dazu inspiriert, dieses Orakel zu erschaffen, um den Schleier der alten Rosen-Mysterien zu lüften und uns wieder mit der heiligen Energie der Rose zu verbinden, von der ich glaube, dass sie eine mächtige Heilerin für diese Zeit ist.

Bewusst wahrgenommen habe ich die Rose zum ersten Mal im Jahr 2010. Davor war diese geheimnisvolle Blume für mich im Verborgenen. Damals machte ich eine besonders schwierige Zeit durch und verspürte eine tiefe, lähmende Trauer. Als sich die schlafende Lebenskraft in mir zu regen begann, tauchte die Rose als meine Begleiterin auf. Sie hielt mich fest im Nährboden meines sich wandelnden Lebens und zeigte meinem Herzen, wie es sich mutig öffnen kann, wann immer ich mich am liebsten zurückziehen, trennen und abkapseln wollte. Sie führte mich dazu, mein Herz (vorne und hinten) zu stärken, zu heilen und weicher zu werden, zur Erde zurückzukehren und mich für die Süße des Lebens zu öffnen, indem ich mich dem Schatten und den Dornen stellte.

DEM ROSENFADEN FOLGEN

Rückblickend erkenne ich, dass ich mit dem gesegnet war, was ich heute als „Träger des Rosenfadens“ bezeichne: Das sind die Menschen, die in mein Leben eingewoben waren, deren Anwesenheit mich mit der Heilung der Rose verband, die mich letztendlich zu mir selbst zurückführte. Zunächst schien es trivial, aber je mehr ich mit der Rose zu arbeiten begann, desto mehr öffnete ich mich, um ihre Medizin zu empfangen.

Eine Frau erzählte mir, dass sie sich nach ihrer Scheidung zartrosa Rosen gekauft hatte, um sich selbst etwas Gutes zu tun, und dass sie spürte, dass diese Blumen ihr halfen, ihr Herz zu heilen. Eine andere erzählte mir von den Hunderten von Gemälden, die sie gemalt hatte. Sie alle waren den herrlichen, sinnlichen und geheimnisvollen Qualitäten dieser einzigartigen Blume gewidmet. Eine Heilkundige wies mich an, die Vorder- und Rückseite meines Herzens mit je einem Tropfen des ätherischen Öls *Rose Absolute* zu salben, damit sich mein Kummer in mir entfalten und heilen kann, während ich durch die scheinbar unerbittliche Leere der dunklen Nacht wanderte.

Ich fing an, Rosenblütentee zu trinken und mit Blütenessenzen, Homöopathie und Aufgüssen zu arbeiten. Ich meditierte mit einer Präsenz, die ich fortan Mutter Rose nannte. Unbewusst begann ich, die Rosenarbeit zu einem Teil meiner täglichen Praxis zu machen. Anfang 2010 integrierte ich ein neues wöchentliches Ritual in mein Leben: Ich ging zu meinem örtlichen Blumenmarkt, um mir sechs

Rosen zu schenken, die mein Herz berührten. Dieses einfache Ritual fühlte sich wie eine Einladung an meine Seele an, mich noch stärker mit den Rosen zu verbinden. Ich arrangierte die Blumen in kleinen Gläsern, die ich in Secondhand-Läden entdeckte, und errichtete wunderschöne Altäre in jeder Ecke meines Studios.
Als ich sah, wie sich die Rosen öffneten, ging mein Herz auf und wurde immer weicher. Während ich ihren süßen Duft tief einatmete, konnte ich langsam die Süße in mein eigenes Leben zurückkehren lassen. Als ihre Dornen mich stachen, erinnerten sie mich daran, auf mich selbst aufzupassen. Als ihre Schönheit mir den Atem raubte, begann ich, mehr Schönheit um mich herum wahrzunehmen. Ehe ich mich versah, hatte ich eine tiefe Beziehung zu dieser alten Blume aufgebaut. Durch Geschmack, Aromen, Berührung und ihren Anblick wurde die Rose zu meinem Portal, das es mir ermöglichte, meine Seele über die Sinne meines Körpers zu erfahren.

MIT HILFE DER ROSEN ETWAS ERSCHAFFEN

Es dauerte nicht lange, bis ich den Weg zum Queen Mary's Rose Garden im Londoner Regent's Park gefunden hatte, damit begann die Rose mit ihrer eigentlichen Arbeit. Der dortige Rosengarten beherbergt die größte Sammlung der Stadt, mit 85 Sorten und etwa 12 000 Blüten. Wenn ich in der Nähe der Pflanzen war, konnte ich den Ruf der Rose hören, ich konnte die Botschaften meiner Seele, das Flüstern meines Herzens viel klarer wahrnehmen. Je mehr Zeit ich mit den Rosen verbrachte, desto enger war ich mit meinem Körper und meiner Seele verbunden. Und desto mehr fühlte ich mich mit meiner eigenen Natur verbunden, fühlte mich in Einklang mit meinem wahren Selbst.

Bald überfluteten mich Ideen. In allem lag eine fast magische Poesie – ich schrieb mein erstes Buch. Ich erinnere mich noch an den Moment, als ich das letzte Kapitel beendete. Damals saß ich auf einer Parkbank unter einem Baldachin aus Rosen, schaute mich im Garten um und begann zu weinen, als mir klar wurde, dass ich das gesamte Buch dort mit den Rosen verfasst hatte. Sie waren mein Tor, hier konnte ich Wurzeln schlagen, und gleichzeitig war es so, als hätte sich mir eine völlig neue Welt erschlossen. Als hätte das Heilige die beiden Welten (die der Seele und des Himmels und die der physischen Erde, meines Körpers) wieder miteinander verwoben.

Ihre Schönheit, der Duft und die mutige Entfaltung der Rosen luden meine Seele ein, präsent im Hier und Jetzt zu sein. Gegenwärtiger in meinem Leben zu sein. Als ich beobachtete, wie sie den Jahreszeiten vertrauten, begann ich, dasselbe zu tun. Es war, als würden sie meiner Seele beibringen, wie man ein vollständigerer, auf allen Ebenen ganzer Mensch wird. Sie riefen mich immer wieder auf, meine sich ständig verändernde Natur anzunehmen. Den Wandel zu akzeptieren.

Wenn ich jetzt zurückblicke, erkenne ich, dass diese Aktivierung durch die Rosen mir den Impuls für den wesentlichen Anteil all jener Arbeit gab, die ich seitdem erschaffen habe.

Alles begann damit, dass ich einfach dem folgte, was mich bei mir ankommen ließ, mich erleuchtete. Die Rose wurde zu meiner kreativen Muse. Nach Jahren des Schreibens und des Reisens, um Workshops zu leiten, stellte ich fest, dass ich nur noch mit der Schönheit von Blumen verbunden sein, mit ihnen arbeiten und über sie sprechen wollte. Ich erinnere mich, dass ich dies einer Freundin gestand, die mich ermutigte, dem zu folgen, was mein Herz zum Singen bringt. Dieses Orakel ist sicherlich ein Ergebnis unseres Gesprächs.

RÜCKKEHR IN DEN GARTEN

Nachdem ich elf Jahre lang in London gelebt hatte, vernahm ich den Ruf, die Stadt zu verlassen und ein Leben zu führen, das mehr der Natur gewidmet ist. Ich fing an, zu den Geistern des Landes meiner zukünftigen Heimat zu beten, damit sie mich zu sich riefen. Jedes Mal, wenn ich mich darauf einstimmte, hatte ich eine kristallklare Vision davon, wie ich auf dem weichsten grünen Gras lag, das mich zu umarmen schien. In einem wunderschönen Rosengarten, angefüllt mit meinen Lieblingssorten: Den David-Austin-Rosen und einer alte Wildrose, der *Rosa gallica*. Aber ich konnte nicht erkennen, wo sich dieses Paradies befand.

Nachdem ich jahrelang diese Vision empfangen hatte und gerade überlegte, wieder nach Australien zu ziehen, wachte ich eines Morgens plötzlich auf und wusste intuitiv, dass dieser Garten in der Stadt Glastonbury im Südwesten

Englands lag. Ich fand dort sofort ein Grundstück, das sich anfühlte wie mein Zuhause (obwohl es keinen Rosengarten gab), und vier Wochen später zogen wir ein.
Der Garten unseres neuen Hauses wirkte sehr vernachlässigt, und die Wurzeln vieler scheinbar abgestorbener Pflanzen waren mit Asphalt übergossen worden. Einheimische Unkräuter und Wildblumen brachen durch die Risse in der fruchtbaren Erde darunter hervor, weigerten sich, in Reihen zu wachsen und wurden trotz aller Widrigkeiten immer widerstandsfähiger. Woche für Woche, Monat für Monat kümmerten wir uns liebevoll um den Garten und beobachteten, wie er allmählich zu neuem Leben erwachte. Mit der Unterstützung von Philip, einem örtlichen Gärtner, pflanzten wir 20 neue Rosen und er brachte mir bei, wie man sie pflegt.

Mit jedem neuen Jahr tauchen immer mehr alte, verwilderte Rosensträucher auf. Als unsere Rosen zu blühen begannen, kamen die Anwohner auf ihren Morgenspaziergängen vorbei und freuten sich über die „Rückkehr" des Gartens. Wir erfuhren, dass das Grundstück viele Jahrzehnte vor unserem Einzug „The Old Rose Cottage" hieß und von einer Frau bewirtschaftet wurde, die in tiefer Verbundenheit mit den Rosen lebte. In ihrem Garten gediehen die herrlichsten Exemplare. Jedes Jahr fuhr sie mit dem Bus nach London, um die Chelsea Flower Show zu besuchen – ihr Favorit war die David Austin Roses Ausstellung – und kehrte mit einer neuen Rose zurück, die sie pflanzen wollte.

Fortan widmete ich mich dem Studium der heiligen Pflanzenmedizin und intuitiven Kräuterkunde. Dabei lernte ich, wie ich mit den Rosen und einheimischen Wildblumen – nährenden Kräutern, Unkräutern und anderen Pflanzenverbündeten in meinem Garten – besser umgehen kann. Ich erwarb Kenntnisse, wie man die Pflanzen trocknet, um Tees, Aufgüsse, Essenzen, Segenskräuter und andere erdmagische Dinge herzustellen.

Ich fühlte mich gesegnet, bei einem der größten Naturschauspiele in der ersten Reihe zu sitzen und zu beobachten, wie die Rosen knospen, blühen, Früchte tragen und jedes Jahr in die Erde zurückkehren. Und ich begann, die Symbolik der Rose in der mystischen Kunst zu studieren, las alte Mythen und Geschichten, in denen Rosen vorkommen. Mit jedem Tag, der verging, begann ich, mich mehr und mehr selbst „einzupflanzen". Ich rief meine Seele in meinen Körper, spürte sie von meinen Fingerspitzen bis zu meinen Zehen. Mein Leben hat durch diese mystische Pflanze so viel mehr Tiefe, Weite, Schönheit, Wunder, Mysterien, Perspektive und Süße gewonnen. Ich frage mich, ob sie es ist, die meine Seele immer wieder hierher zurückkehren lässt.

DIE MEDIZIN DER ROSE

Natürlich weiß ich, dass ich nicht die Einzige bin, die diese Verbindung zur Rose hat. Ich glaube, dass sie Medizin für uns alle ist. Weil wir selbst ein Teil der Natur sind, spricht sie immer zu uns. Da du diese Worte gerade liest, hat die Rose auch vielleicht nach dir gerufen. Sie lädt dich ein, zur Mutter zurückzukehren, dich mit ihr zu verbinden, ihre wahre Schönheit zu entdecken, dich an ihr ewiges Geheimnis zu erinnern und das uralte Heilige wieder in dein Leben einzuweben.

Ich bete, dass dieses Orakel die Tore ein wenig zu öffnen vermag, damit du mit der Weisheit deiner Seele kommunizieren und sie in den Garten deines Körpers pflanzen kannst. Dass es dich dabei unterstützt, deine Wurzeln ein wenig tiefer zu schlagen, und dass du den Mut findest, die Knospe, die Blüte und die Frucht deines Seins zu genießen. Jeder von uns ist ein Same, und wir alle besitzen den schönsten Rosengarten, der nur darauf wartet, ins Leben gebracht zu werden. Mögen diese Karten all das, was in dir gesät wurde, ermutigen, in Liebe Wurzeln zu schlagen, zu knospen und zu blühen.

Love,

WIR *SIND* DIE NATUR

Wenn du das Wort „Natur" in einem Wörterbuch nachschlägst, wirst du feststellen, dass eine Definition lautet: „Alles, was an organischen und anorganischen Erscheinungen ohne Zutun des Menschen existiert oder sich entwickelt: Pflanzen, Tiere, Gewässer und Gesteine als Teil der Erdoberfläche oder eines bestimmten Gebietes." Es wird ausdrücklich erklärt, dass wir nicht Teil der Natur sind. Ist es da ein Wunder, dass sich so viele von uns so entfremdet fühlen? Und dass die Menschheit diesem Planeten so viel Schaden zugefügt hat?

Ich vermute, dass dies die wirkliche Trennung ist, die so viele von uns spüren. Die Trennung von der Erde und damit von uns selbst und voneinander. Ich glaube, dass unsere Trennung von der Erde als unserer Mutter – von ihren Jahreszeiten, ihren zyklischen Wegen und ihrem sich ständig verändernden Zustand – so viele jener Probleme verursacht hat, mit denen wir heute auf diesem Planeten konfrontiert sind. Und wenn wir das Göttliche als einen Mann im Himmel sehen, anstatt mit der Mutter und Erde verwoben zu sein, wird diese Trennung noch deutlicher.

Und ich bin der festen Überzeugung, dass wir heute mehr denn je das Heilige in allen Dingen erkennen müssen. Es ist wichtig, dass wir die atemberaubende Schönheit, die uns umgibt, bewusst wahrnehmen. Das Heilige in den Bäumen, den Blumen, den Pflanzen und den Steinen sowie in uns selbst und in jedem anderen Lebewesen sehen. Unsere Seele wieder in unser alltägliches Leben einweben. Und ich glaube, dass die Rose ein kraftvolles Tor dafür ist.

DIE RÜCKKEHR IN DEN GARTEN

Wenn wir weit genug zurückgehen, finden wir alle erdverbundenen indigenen Traditionen in unserer Ahnenreihe. Weise Menschen, die das Land bewirtschafteten und Ehrfurcht vor dem Heiligen zeigten, das alles durchzieht. Und trotz der verhängnisvollen Verwüstungen und Schäden, die der Kolonialismus und das Patriarchat angerichtet haben, gibt es immer noch (lebende und ehemalige) indigene Weisheitsbewahrer*innen, die diesen Faden halten und die alten Lieder weitersingen.
Mögen wir sie schützen, unterstützen und verehren. Mögen wir ihrem Gesang aufmerksam lauschen. Mögen wir tief in uns ihr Lied hören. Auch Pflanzen, Bäume, Blumen und Steine sind Träger dieser verlorenen Weisheit. Durch die Arbeit mit Pflanzen, wie etwa der Rose, können wir zur Erde zurückkehren und unsere Ahnen wieder erreichen – diejenigen, die nicht vergessen haben. Und indem wir das tun, können wir vielleicht entdecken, dass auch sie ihr Lied weitersingen.

Für die meisten von uns wurden die Verbindungen zu den alten Erdtraditionen unserer Vorfahren durch den Kolonialismus und die Invasionen der Kirche gekappt. Die Verehrung der Erde als lebendige Göttin und Große Mutter wurde verboten und geriet bei vielen Menschen in Vergessenheit. Die Ehrfurcht vor der Heiligkeit des Weiblichen und der Erde wurde durch Verfolgung und Unterdrückung in den Hintergrund gedrängt. In vielen Teilen der Welt wurden Heiler*innen, Schamanen, Medizinmänner, Hebammen und diejenigen, die mit den Pflanzen arbeiteten, um zu heilen, verfolgt und ihre wertvolle, traditionelle von Weisheit und Wissen durchdrungene Arbeit verboten. Tragischerweise sind einige Überlieferungslinien verloren gegangen, aber in den Pflanzen leben sie weiter.

Doch auch nach all dieser Zeit und trotz all den angerichteten Schäden wiegt die Natur uns, heilt uns und lädt uns ein, zu ihr zurückzukehren. Die Bäume, die Steine, die Pflanzen, die Blumen … mehr denn je ruft die Natur uns auf, uns an sie zu erinnern und das Heilige wieder in unser tägliches Leben zu integrieren. Ich glaube, dass sie uns zeigt, wie wir Mensch sein und auf dem Planeten Erde gedeihen können. In jedem Augenblick und an jeden Tag. Die Rose ist eine von vielen Pflanzen, die die alten Lieder singen, damit wir zu uns selbst, zueinander und zur Erde zurückkehren, bevor es zu spät ist – für uns, nicht für sie. Mögen wir ihren Ruf hören, in uns aufnehmen und beherzigen.

△

DIE URALTEN WURZELN DER ROSE

Die Rose ist eine Blume mit Wurzeln, die mehr als 35 Millionen Jahre zurückreichen – weit tiefer als die der Menschheit. Es wurden versteinerte Überreste von Rosenblättern und Blütenblättern in Asien, Europa und Nordamerika gefunden.
Obwohl es heute unzählige Rosenarten gibt, lassen sich diese in drei Hauptgruppen unterteilen. Die erste Gattung bilden die Edelrosen, die gemeinhin als Wildrosen bezeichnet werden. Sie sind die älteste Spezies und stammen von der *Rosa gallica* ab. Sie blühen einmal und haben zwischen vier und acht Blütenblätter. Die zweite Gruppe umfasst die alten Gartenrosen, d.h. Rosen, die es bereits vor 1867 gab, als die erste Hybrid-Teerose gezüchtet wurde. Beispiele für alte Gartenrosen sind Alba, Ayrshire, Bourbon, Boursalt, Centifolia und China. Die dritte Gruppe besteht aus modernen Hybridrosen.
Seit jeher wird die Rose in Texten, auf Tafeln, in der Kunst und Poesie gehuldigt. Als Symbol der menschlichen und göttlichen Liebe, der Schönheit, der Heilung,

des Weiblichen, der verborgenen Geheimnisse und der Mystik wurde diese Pflanze weltweit von Heiler*innen, Kräuterkundler*innen, Botaniker*innen, Liebhaber*innen, Rosenkenner*innen, Künstler*innen, Dichter*innen, Mystiker*innen und vielen anderen verehrt.
Aufzeichnungen über medizinische und andere Verwendungen der Rose finden sich in zahlreichen alten Kulturen, darunter Mesopotamien – das Wort Rose taucht 181 Mal auf 600 mesopotamischen Tontafeln auf – sowie in China, wo vermutlich die chinesische Rose ihren Ursprung hat. In ägyptischen Gräbern wurden Überreste von Rosenkränzen gefunden, und auf der griechischen Insel Rhodos Münzen mit Rosendarstellungen entdeckt, die wahrscheinlich aus der Zeit um 500 v. Chr. stammen.

DIE ROSE UND DIE GÖTTIN

Die Rose ist die magische Königin aller Blumen. Von Ischtar bis Isis, von Aphrodite bis Venus, von Inanna bis Maria – je weiter wir die Geschichte der Rose zurückverfolgen, desto häufiger taucht diese Blume als Symbol für Göttinnen in den verschiedensten Traditionen der Welt auf. Und oft haben diese Göttinnen eine verblüffende Ähnlichkeit miteinander. Einige wurden im Geheimen verehrt, andere wurden übernommen und umbenannt. Häufig findet sich der Duft der Rose wieder als eines der zahlreichen heiligen Symbole in Kunst und Geschichte, die sie miteinander verbinden.
In der Antike legten Gläubige auf der ganzen Welt Rosengirlanden um die Statuen von Muttergöttinnen als Zeichen

ihrer Verehrung. Die heute von Katholiken verwendeten Gebetsperlen gehen auf diese Rosentradition zurück; das Wort „Rosenkranz" stammt vom lateinischen *rosarium* ab, was so viel wie „Rosengarten", „Rosenkrone" oder „Rosengirlande" bedeutet. Wie die alten Göttinnen ist auch Maria, die Mutter Jesu, eng mit der Rose verbunden und trägt viele verschiedene Namen, die mit der Blume zusammenhängen, darunter „Mystische Rose" und „Rose ohne Dornen". Inanna, eine mesopotamische Göttin, die mit Liebe, Schönheit, Sex, Krieg, Gerechtigkeit und politischer Macht in Verbindung gebracht wird, verwendete die Rose als Symbol. Und diese war auch ein Wahrzeichen für die ägyptische Göttin Isis – von der man annimmt, dass sie eine Inkarnation von Ishtar (einer sumerischen Göttin) war – und für Sophia, eine Urkraft, die am Anfang der Schöpfung selbst stand (mehr über Sophia erfährst du auf Seite 118).

DIE ROSE IN MYTHOS UND LEGENDE

In der Mythologie und Literatur der griechischen und römischen Antike ist die Rose ein starkes Sinnbild für Liebe und Schönheit. In Homers *Ilias* wird beschrieben, wie der Körper von Hektor mit Rosenöl gesalbt wurde, der anschließend von Aphrodite, der Göttin der Liebe, der Schönheit, der Lust und der Fruchtbarkeit, einbalsamiert wurde. Aphrodite wird oft mit einer Rosenkrone auf dem Kopf dargestellt, und sie wurde mit zahlreichen weißen Rosen geehrt. Die Legende besagt, dass die weiße Rose selbst aus den Tränen der Aphrodite nach dem Tod ihres Geliebten Adonis entsprang und sich rot färbte, als ein Tropfen des Blutes der Göttin auf sie fiel. Aphrodites Sohn Eros, der Gott der Liebe und des sexuellen Verlangens, wurde oft mit einem Rosenkranz dargestellt.

Die drei Grazien – antike griechische Göttinnen, die mit Schönheit, Charme, Natur, Kreativität und Fruchtbarkeit in Verbindung gebracht werden – sollen Rosen über die ganze Erde verstreut haben, um die Vereinigung von Psyche, der Göttin der Seele, und Eros zu feiern.

Die Verehrung der Aphrodite wurde von den Römern übernommen; sie nannten sie Venus. Eine der berühmtesten Darstellungen dieser Göttin ist das Gemälde *Die Geburt der Venus* des italienischen Künstlers Sandro Botticelli aus dem 15. Jahrhundert. Es fängt den antiken Mythos ein, in dem Venus aus dem Schaum des Meeres geboren wird und dort, wo der Schaum auf die Erde fiel, weiße Rosen wuchsen.

In einer römischen Erzählung fand Flora, die Göttin des Frühlings und der Blumen, den Leichnam einer schönen Nymphe im Wald. Von Trauer erfüllt betete sie, dass sich diese in die schönste Blume aller Zeiten verwandeln möge. Die drei Grazien und Venus haben daraufhin den Körper der Nymphe in eine Rose verzaubert, und von diesem Tag an wurde die Rose als „Königin aller Blumen" bekannt (mehr über Flora auf Seite 128). Einem anderen römischen Mythos zufolge soll die Göttin Kybele oder Magna Mater (Große Mutter) die Rose erschaffen haben, weil sie eifersüchtig auf Venus war und etwas besonders Schönes wollte, um das Herz von Adonis zu gewinnen.

DIE ROSE UND DIE VERBORGENE KELTISCHE GÖTTERVEREHRUNG

Auch bei den Göttinnen des vorchristlichen keltischen Volkes war die Rose tief verwurzelt. In vielen Zeremonien und Ritualen der keltischen Tradition wurde die Blume als Symbol für das Herz verwendet. Als jedoch die Römer zum Christentum konvertierten, das sich später im ganzen Reich verbreitete, wurden heidnische Blumenfeste und -rituale von der Kirche verurteilt; eine Zeit lang waren Rosen sogar auf Friedhöfen verboten. Als sich das Christentum schließlich in ganz Europa etablierte, bestand eine der Bekehrungsmaßnahmen der Kirche darin, die Gottheiten, die die Bevölkerung des Landes jahrhundertelang verehrt hatte, durch christliche Heilige zu ersetzen. So wurde zum Beispiel die keltische Göttin Brigid zur heiligen Brigitte und die Göttin Anu zur heiligen Anna. Da den Menschen eindringlich nahegebracht wurde, nur einen Gott und seinen Sohn in der Heiligen Dreifaltigkeit zu huldigen, ging die Ehrfurcht vor dem Weiblichen und der Natur, die in der alten Göttinnen-Verehrung und in den einheimischen keltischen spirituellen Traditionen so stark ausgeprägt war, weitgehend verloren.

Diejenigen, die sich jedoch danach sehnten, die Verbindung mit dem göttlichen Weiblichen lebendig zu halten, fanden neue Wege. Für einige manifestierte sich diese Sehnsucht in der Verehrung der Mutter Maria, mit der Rose als Symbol – genau wie bei früheren Mutter-Göttinnen. Maria wurde zu der Göttin, die die Menschen aktiv verehren konnten, ohne Angst davor haben zu müssen, verfolgt zu werden.

EIN SYMBOL DER MYSTERIEN UND GEHEIMNISSE

Historisch gesehen sind Rosen ein Symbol für geheimes Wissen und Verschwiegenheit. Die alten Römer haben zu besonderen Anlässen Girlanden aus Rosenblättern gebunden und an Treffpunkten aufgehängt. Gespräche, die unter diesen Girlanden stattfanden, galten als *sub rosa* und es wurde davon ausgegangen, dass alles, was „unter der Rose" gesagt wurde, vertraulich behandelt und nicht weitergegeben werden würde. Es existiert sogar eine Darstellung des altägyptischen Gottes Horus, des Sohnes der Göttin Isis, sitzend mit einer Rose, der seinen Finger an die Lippen hält, um das Schweigen über die großen Mysterien zu besiegeln. Über all das, was heilig und im Verborgenen bleiben sollte. Und der Ursprung des Rosenkreuzes wird mit der spirituellen Bruderschaft der Rosenkreuzer in Verbindung gebracht, die nach ihrem Symbol, einer Rose auf einem Kreuz, benannt wurde. Der Orden erklärt, über geheimes Wissen zu verfügen, das seit der Antike weitergegeben wird.

Die Rose besitzt zwar heilende Kräfte und wird in Lebensmitteln sowie zu therapeutischen Anwendungen verwendet, wie etwa in Tees, Ölen und Essenzen, aber ihr wichtigster Beitrag für die Menschheit ist möglicherweise, dass sie in uns ein Gefühl der Ehrfurcht hervorruft. Wenn wir in der Nähe der Rose sind, vernimmt unsere Seele die Einladung, ganz im Hier und Jetzt zu verweilen. Ihr Duft und ihre Symbolik rauben uns den Atem und können dazu führen, dass wir gleichzeitig einen Moment der Transzendenz und der Immanenz erleben. Manche sehen das Rosenkreuz als ein Symbol dafür – Himmel und Erde mit der Rose am Schnittpunkt. Geist und Erde vereint. Die Seele ist hier verankert, ist hier gepflanzt.

In der biblischen Geschichte vom Garten Eden kommen Äpfel vor, die wie die Rosen zur Pflanzenfamilie der *Rosaceae* gehören. Es gibt eine uralte Erzählung aus Peru, die diese Verbindung widerspiegeln könnte; in ihr pflückt Eva eine Rose statt eines Apfels. Ich frage mich, wie anders unser heutiges Leben wohl aussehen würde, wenn alle diese Version kennen würden. Schließlich gehört die Erzählung von Adam und Eva wohl zu den einflussreichsten der Menschheit. Immerhin wird Eva aus dem Paradies vertrieben und in die Erbsünde verstoßen. Und meiner Meinung nach werden wir diese Geschichte neu schreiben müssen, wenn wir mit Mutter Rose arbeiten wollen.

Ich glaube, dass wir aufgerufen sind, uns daran zu erinnern und zu erkennen, dass wir alle heilig sind, dass unsere Seelen schon immer unsterblich waren und dass wir nie aus dem Garten verstoßen wurden – denn wir selbst sind Natur, von der Seele bis zu den Knochen, vom Geist bis zu den Zehen. Diese Abtrennung oder Trennung von der Erde aufzuheben – uns selbst als Teil der Natur zu anzunehmen, das Weibliche in jedem von uns als heilig zu erkennen – das ist der Punkt, an dem die Arbeit des sakralen Feminismus beginnt.

HEILIGE UND MYSTISCHE ASSOZIATIONEN MIT DER ROSE

Im Orient symbolisiert der Duft einer Rose die Heiligkeit der Seele. Und sowohl im Islam als auch im Christentum bedeutet es, dass der Rosenduft, wenn keine Blumen in der Nähe sind, die Gegenwart des Göttlichen anzeigt. In islamischen Texten heißt es, dass bei Mohammeds Reise in die Gegenwart des Göttlichen ein Schweißtropfen auf die Erde fiel und an seiner Stelle eine Rose offenbarte.

Die Schönheit der Rose ist ein Ausdruck für die Vollendung, die wir im Leben anstreben. Im Sufismus – der Mystik des Islam – steht die Rose für ein völliges Verstehen der Lehre Gottes. Sie symbolisiert die Vollkommenheit und die tiefe Vereinigung mit Gott. Ihre Dornen verkörpern all die Schwierigkeiten, mit denen wir konfrontiert werden können, und die Tatsache, dass die Rose dennoch weiter blüht, zeigt, dass sie wiedergeboren wird, während sie noch lebt. Diese Lehre findet sich auch in anderen mystischen Traditionen.

Für die spirituellen Dichter des Sufismus stellt die Rose die vollkommene Schönheit Gottes dar – die heilige Geometrie des wahren Lebens. Mein Lieblingsdichter der Mystik ist Hafiz, der im 14. Jahrhundert lebte. Er verwendete die Rose in seinen Gedichten als Zeichen der Verehrung für die Geliebte im Innern. Hafiz stammte ursprünglich aus Schiraz im Iran, die als Stadt der Rosen bekannt ist. Auch andere Sufi-Dichter, wie etwa Rumi, stellten die Rose in den Mittelpunkt des spirituellen Seelenlebens.

Im Tarot kommt die Rose häufig auf vier Karten vor. Auf der des Narren steht die weiße Rose für Reinheit, auf jener des Magiers für sich entfaltende Weisheit, bei der Kraft für Ausgeglichenheit und auf der Karte des Todes für die Klarheit der Intention.

Im Laufe der Zeit wurden Rosen auch mit Engeln in Verbindung gebracht. Manche glauben, dass sie durch das Streuen von Rosen die himmlischen Wesen anlocken können, und dass es ein Zeichen für die Anwesenheit eines Engels ist und wir gesegnet sind, wenn wir den Duft von Rosen wahrnehmen, obwohl keine in der Nähe sind.
In Dantes epischem Gedicht *Die Göttliche Komödie*, geht es im dritten Teil *Paradiso* auch um einige der Geheimnisse der Rose. Der letzte Teil des Epos ist die Vision einer sonnenbeschienenen weißen Rose, die für die Vereinigung des Mystikers mit Gott steht. Die spirituelle Suche des Dichters hat sich erfüllt.

In der Mathematik ist die Fibonacci-Reihe und der darauf basierende Goldene Schnitt eine Zahlenfolge, die im Jahr 1202 entdeckt wurde. Diese Folge, in der jede Zahl die Summe der beiden vorangegangenen Zahlen ist, findet sich im gesamten Leben wieder. Die Blütenblätter einer Rose verkörpern dieses heilige Prinzip, das sich mit jedem neuen Satz von Blütenblättern in den Zwischenräumen der vorangegangenen Blütenblätter erweitert. Vielleicht ist dies der Grund, warum wir uns verändert fühlen, wenn wir in die Spirale einer Rose blicken.

In einer Zeit, in der uralte Geheimnisse ans Tageslicht kommen und von der Wissenschaft entschlüsselt werden, scheint sich die wahre Bedeutung der Rose in der Geschichte gerade erst zu offenbaren. Ihre Mysterien schlummern offenbar im Verborgenen.

In dem Maße, in dem die Rose immer beliebter wird und in die Herzen der Menschheit Eingang findet, beginnen wir, über die langstielige rote Rose, die in einem Gewächshaus als kommerzielle Liebeserklärung zum Valentinstag gezüchtet wird, hinauszublicken und in die mystische, heilende, heilige, weibliche, verborgene Welt all dessen einzutauchen, was sie in sich birgt und wofür die Rose seit ewigen Zeiten ein machtvolles Symbol darstellt.

Was löst die Rose in dir aus?

EINE HEILERIN IM WANDEL DER ZEIT

Ich glaube, dass diese uralte Blume, die sich immer größerer Beliebtheit erfreut, gerade jetzt sehr wichtige Botschaften für die Herzen der Menschheit bereithält. Ich bin überzeugt, dass sie eine wirkungsvolle, lang herbei ersehnte Medizin und das Potenzial zur Heilung in sich trägt, dass wir in diesen Zeiten des Wandels so dringend benötigen.

In dieser Zeit, in der es so offenkundig ist, dass die Menschheit im hohen Grade vom Weg abgekommen ist, in der so viel Spaltung und Trauma existieren, die auf Heilung warten, macht es für mich Sinn, dass die Rose, die von so vielen uralten Mysterien und Heiligkeit umhüllt ist, nach uns zu greifen scheint. Oder wir reichen ihr die Hand.
Nach meiner Erfahrung, die ich in mehr als zehn Jahren aktiver Arbeit mit ihr gesammelt habe, scheut sich die Rose nicht, uns das zu übermitteln, was wir am dringendsten brauchen. Für manche mag das ein beruhigendes, sanftes Innehalten und eine herzerweiternde Heilung

bedeuten; für andere von uns kann es ein starker Anstoß sein, endlich den Mut aufzubringen, sich zu öffnen, wenn wir uns am liebsten abkapseln, trennen und verschließen möchten. Für einige kann es ein Abstieg in die dunkle Leere sein, während es für andere bedeutet, sich wieder mit den Wurzeln und der Sicherheit des Bodens zu verbinden. Für einige ist es vielleicht ein Weg, um genau das aufzugeben, was andere in ihren Bann gezogen hat, um neu anzufangen; und für manche ist es vielleicht eine unverhoffte zweite Blüte, eine Art Wiedergeburt.

Wir leben in einer Zeit, in der Polarität und Gegensätze so groß sind wie nie zuvor. Einer Zeit, in der es mitunter den Anschein hat, als könnten wir uns auf nichts mehr einigen. Die Rose weist uns den Weg, wie wir durch unsere Trauer weich werden können und dass es in Ordnung ist, dies zu tun. Sie zeigt uns, wie wir durch unseren Kummer gestärkt werden, wie wir uns öffnen können, wenn wir eine Trennung erleben, wie wir den Jahreszeiten unseres Lebens vertrauen dürfen, wie wir unsere Wurzeln in die Tiefe schlagen – ungeachtet all dessen, was um uns herum geschieht. Tatsächlich brauchen wir die uralte Herzmedizin der Rose heute mehr denn je.

DIE ALTE ROSENWEISHEIT

Die Rose ist so viel älter als die Menschheit. Sie hat Zivilisationen kommen und gehen sehen und weiß daher viel mehr als wir über ein harmonisches, friedliches Leben auf dem Planeten Erde. Sanft und schön, stark und widerstandsfähig, vertraut sie ihrem eigenen Zeitgefühl und findet stets aufs Neue den Mut, zu knospen, zu blühen, Früchte zu tragen und ihre Blütenblätter dem Wind zu überlassen, um wiedergeboren zu werden, während sie noch lebt. Mögen wir unsere Herzen für ihre Weisheit und unsere Ohren für ihr altes Lied öffnen. In der Rose sind tiefe Weisheiten und Erkenntnisse gespeichert. Ich glaube, wenn wir aufmerksam und bewusst genug werden, um uns mit ihr zu verbinden und ihr zuzuhören, ist es möglich, ihren Geheimnissen zu lauschen, die uns selbst im Laufe der Zeit verloren gegangen oder vor uns verborgen sind. Ich habe die Erfahrung gemacht, dass, sobald wir anfangen, mit der Rose (und anderen Pflanzen) zu arbeiten, auch etwas Uraltes in uns selbst freigesetzt und enthüllt werden kann. Manchmal werden die Codes, die in uns und unseren Vorfahren verankert sind, entschlüsselt, wenn wir beginnen, uns zu erinnern und uns wieder mit Mutter Erde verbinden. Dann sind wir wieder mit den Pflanzen, den Blumen, den Steinen und den Bäumen vernetzt. Und wir sind auch wieder mit denjenigen vereint, die in unserer Ahnenreihe waren, lange bevor es eine Trennung von der Mutter gab. Immer wieder werden wir eingeladen, uns hier auf eine andere Weise einzupflanzen als zuvor.

Wir leben in einer Zeit zwischen Mythos und Geschichte, selbst wenn es sich manchmal so anfühlen mag, als würde alles auseinanderbrechen, haben wir dennoch die Möglichkeit, uns neu zu verweben.

Und ich bin fest davon überzeugt, dass die Rose uns bei dieser Neuverknüpfung unterstützen möchte. Indem wir mit ihr kooperieren und unsere eigene notwendige Heilungs- und Integrationsarbeit leisten, haben wir die Möglichkeit, gemeinsam eine neue Zukunft für die Menschheit zu weben.

DAS ORAKEL

Die Arbeit mit dem Orakel der Rose

△

ÜBER DAS ORAKEL DER ROSE

Mystiker*innen, Heiler*innen, Kräuterkundige, Künstler*innen, Heilige, Dichter*innen und Visionäre waren seit jeher von der atemberaubenden Schönheit der Rose verzaubert. Flora, die römische Göttin des Frühlings und der Pflanzen, hat sie als Königin aller Blumen bezeichnet. Seit Jahrtausenden wird sie wegen ihrer medizinischen und gefühlsheilenden Eigenschaften verehrt.

Die Rose ist ein Symbol für Schönheit, Liebe und große Geheimnisse. Wenn wir ihren Spuren durch Mythen, Legenden, Texte und Kunst verfolgen, entdecken wir, wie sehr sie im Laufe der Geschichte mit Göttinnen und der Liebe (menschlich und göttlich) verwoben war. Letztendlich ist die Rose auch ein Symbol für die uralten, heiligen, weiblichen Mysterien, die im Verborgenen lagen und nun wieder ans Tageslicht kommen.

Im Laufe dieses Orakels wirst du erkennen, dass ich die Rose manchmal als Mutter Rose bezeichne. So nenne ich die Energie, mit der ich mich verbinde, wenn ich mich auf die Rose einstimme. Wenn der Name Mutter Rose nicht zu dir passt, ersetze ihn bitte durch einen anderen. Ich weiß, dass jede Rose einzigartig ist, aber dies ist der Name, den ich für sie verwende.

Für mich ist die Rose eine heilige Verbündete der Menschheit. Die Medizin, die sie uns spendet, ähnelt der Göttin selbst. Ich glaube, dass die Arbeit mit der Rose uns helfen kann, unsere Herzen zu heilen, unserer eigenen wahren Natur zu vertrauen und uns tiefer mit der Erde zu verbinden. Ich betrachte sie als ein Tor zu unserer Seele, um in unserem Körper, aber auch auf der Erde präsenter zu sein. Sie leitet uns immer wieder an, den durchtrennten Faden zwischen der Erde, dem Himmel und der Menschheit neu zu weben.

Die Fähigkeit der Rose, uns bei der Heilung von Herzensangelegenheiten zu unterstützen, uns dabei zu helfen, uns zu öffnen, wenn wir uns am liebsten verschließen würden, und uns einen festen Halt zu bieten, ist mit keiner anderen Pflanze vergleichbar, die ich persönlich kennengelernt habe.

Mit diesem Orakel möchte ich dir den Raum eröffnen, dich mit der heilenden Energie, der geheimnisvollen Weisheit und der atemberaubenden Schönheit der Rose zu verbinden und dich von ihr tragen zu lassen – als Tor zur Weisheit, zur Heilung und zum Flüstern der Natur sowie deiner eigenen Seele. Ich vertraue darauf, dass die Rose, genau wie die Natur, für uns alle zugänglich ist. Du benötigst keine besonderen Hilfsmittel dafür – verweile einfach einen Moment bei einer Rose in einem Garten, Park oder in der Nachbarschaft. Falls du in deiner Umgebung keine Rose findest, kannst du dich mit ihr mit Hilfe eines Fotos, einer Abbildung oder eines Kunstwerks verbinden.

Wie immer geht es mir nur darum, dich mit deiner inneren Weisheit zu verbinden – von deiner Seele bis zu deinen

Zellen, damit du eine tiefergehende Beziehung zu ihr entwickeln kannst. Ich glaube, dass diese Weisheit in dir jener entspricht, die den Blumen mitteilt, wann sie blühen, den Jahreszeiten, wann sie kommen und gehen, und der Erde, wie sie sich drehen soll. Es ist jene Intelligenz, die der Rose sagt, wann es an der Zeit ist, die Begrenzungen der Knospe zu durchbrechen und ihre Blütenblätter auf die Erde fallen zu lassen.

Katie Louise und ich haben uns bemüht, ein Orakel zu erschaffen, das allen Menschen dient, und wir hoffen, dass du dich auf diesen Seiten und mit den Karten wohlfühlst. Wir haben größten Respekt vor allen Wegen der Hingabe und dem Recht eines jeden, frei zu wählen. Dieses Orakel ist basierend auf unseren eigenen Erfahrungen entstanden. Wenn du also ein Wort, einen Satz oder ein Symbol, das wir verwendet haben, nicht mit dir in Einklang bringen kannst, dann fühl bitte in die spirituelle Energie dahinter und ersetze diese durch deine eigene.

Das Orakel der Rose erhebt nicht den Anspruch, allen Aspekten der Rose gerecht zu werden – das wäre für ein einzelnes Orakel auch gar nicht möglich. Vielmehr habe ich mich auf meine eigenen intensiven Forschungen, meine persönlichen Heilungsprozesse und meine kreative Arbeit mit der Rose und Studien der heiligen Pflanzenmedizin gestützt. Ich habe das Gefühl, dass ich von dieser heiligen Blume noch bis an mein Lebensende lernen kann.

Geboren in Australien mit keltischen (schottischen und irischen) und nordischen Vorfahren, lebe ich jetzt in Glastonbury – auch bekannt als die mystische Insel Avalon und Heimat des keltischen Volkes der Dumnoni. Hier spüre ich eine tiefe Verbundenheit mit dem Land meiner Vorfahren; hier in Großbritannien entdeckte ich meine Verbindung zur Rose und anderen Pflanzen.

VERBINDEN MIT DEM ORAKEL DER ROSE

Das Orakel der Rose ist eine Kreation von mir die auf meinen eigenen Erfahrungen beruht. Dennoch habe ich auch Informationen über die mystischen, heilenden und botanischen Wurzeln der Rose einbezogen, die bis in die Antike zurückreichen. Ich möchte ausdrücklich klarstellen, dass ich keine Botanikerin oder Kräuterkundige bin, obwohl ich mich persönlich und auf vielfältige Weise mit dieser Pflanze beschäftigt habe. Vielmehr verstehe ich mich als Mystikerin, Erd-Channel, Schriftstellerin, Dichterin, Ritualkünstlerin und Kreative, die mit Blumen und Pflanzen arbeitet. Mit der Rose beschäftige ich mich aktiv, seit ich ihr Flüstern zum ersten Mal vernommen habe.

Weil die Rose eine so heilende und mystische Blume ist, die schon in vielen alten Kulturen verehrt wurde, glaube ich, dass wir uns durch die Beschäftigung mit der Rose (insbesondere der Wildblumen) wieder mit den indigenen Wurzeln unserer eigenen Vorfahren und der Erde als unserer Mutter verbinden können. Wenn wir diese Arbeit tun, empfangen wir oft nicht nur die Führung und Weisheit unserer Ahnen, sondern fühlen uns auch von ihnen gehalten. Die Arbeit mit der Rose ist sehr subtil und doch kraftvoll. Sie schenkt uns die Medizin, die wir am dringendsten brauchen. Und in einer Zeit, in der wir sowohl persönlich als auch gemeinschaftlich so viel Heilung benötigen, ist diese Medizin wohl so wichtig wie nie zuvor.

Die Konzepte, Texte und Illustrationen in diesem *Orakel der Rose* sind in enger Zusammenarbeit entstanden. Ich möchte dir ans Herz legen, dir etwas Zeit zu nehmen, um dich mit den Karten – von denen jede eine Übertragung enthält – und dem Begleitbuch zu verbinden. Du kannst dadurch deine Beziehung zum Orakel und der Medizin der Rose vertiefen.

Ich bin davon überzeugt, dass die uralte Rose ein Tor zu jener Intelligenz ist, die in deinen Zellen und deiner Seele existiert. Ich hoffe, dass diese Karten auf irgendeine Weise diese (Wieder-) Verbundenheit übermitteln, sie aktivieren und dich dabei unterstützen, dich an jene heilige Intelligenz zu erinnern, die schon immer in dir angelegt war. Mögen die Karten dich dort abholen, wo du bist, und dich durch jede Jahreszeit begleiten, in der du dich gerade befinden magst.

EIN GEBET FÜR MUTTER ROSE

Mögen wir den Mut aufbringen, den sich stets
neu entfaltenden Weg der Rose zu gehen.

Mögen unsere eigenen Wurzeln bis zum Ursprung
reichen, damit wir nachhaltig blühen können.

Mögen wir unser Herz öffnen, von vorne und von hinten.

Mögen wir unseren Körper und unseren
Geist weich werden lassen.

Mögen wir heilen, mögen wir heilen, mögen wir heilen.

Mögen wir zu uns selbst, der Erde und zueinander finden.

Mögen wir uns an die Zukunft erinnern,
die Samen der Rosengärten in uns tragend.

Mögen wir uns vertrauensvoll in ihre Arme fallen lassen.

Und wenn die Zeit gekommen ist, und wir werden
wissen, wann es so weit ist, mögen wir unsere
Blütenblätter einfach in den Wind übergeben, damit
wir die Chance haben, alles noch einmal zu erleben.

△

EINSTIMMUNG AUF DAS ORAKEL DER ROSE

Danke, dass du dem Ruf der Rose gefolgt bist. In deinem Orakel findest du eine 45. zusätzliche Karte. Das ist die ***Altarkarte „Einstimmung auf das Orakel der Rose“***.

Wenn du mit einem neuen Orakel arbeitest, empfehle ich dir, ein Ritual durchzuführen, um dich tiefer mit ihm zu verbinden. Es gibt viele Möglichkeiten, dies zu tun, also vertraue darauf, wie du geführt wirst. Wenn du möchtest, kannst du diese Karte verwenden, um dich jedes Mal rituell mit dem Orakel und der Rose zu verbinden, wenn du das Deck einsetzt.

Wenn du dich noch tiefer mit deinem Orakel und Mutter Rose verbinden möchtest, habe ich auch eine rituelle Version von *„Einstimmung auf das Orakel der Rose“* aufgenommen, die du dir kostenlos unter **www.theroseoracle.com** ansehen kannst.

EINSTIMMUNG AUF DAS ORAKEL DER ROSE

Mutter Rose, du warst schon lange vor uns gegenwärtig,
und du bist es, die immer noch sein wird,
wenn wir längst gegangen sind.
Segne dieses Orakel und alle, die es nutzen.

Möge es für uns alle ein Tor sein, um zu uns selbst
zurückzukehren, zur Erde und zueinander.
Möge unsere Verbindung zur Stimme unserer Seele
mit jeder weiteren Nutzung stärker werden.

Mögen sich alle, die es berühren, wertgeschätzt,
geliebt und geborgen fühlen,
und mögen sie gesehen werden.
Möge es Erkenntnis, Verständnis, Mitgefühl und
Führung vermitteln, zum höchsten Wohl aller Wesen
– in der Vergangenheit, Gegenwart und Zukunft.

Wenn ich den Raum halte,
hilf mir einen Schritt zur Seite zu machen
und andere einzuladen, sich mit mir zu verbinden
mit jener Weisheit, die tief in ihnen existiert.

Hilf mir und allen, die es nutzen, dabei,
unsere Weisheit anzunehmen.
Unsere wahre Natur zu umarmen und
die Jahreszeiten unseres Lebens, die sich stetig wandeln,
mit Mitgefühl, Verständnis und Anmut anzunehmen.

Zeige uns, wie wir uns hier selbst verwurzeln können –
tiefer als je zuvor.

Wir danken dir, wir danken dir,
wir danken dir.

DAS LEGEN DER ORAKELKARTEN

Das Wort „Orakel" kommt vom lateinischen *orare,* was übersetzt so viel wie „beten" oder mit „dem Göttlichen kommunizieren" bedeutet. Ich glaube, dass das Göttliche, der Gott/die Göttin, in jedem von uns und in der gesamten Natur existiert. Wie alle meine Arbeiten soll auch das *Orakel der Rose* ein Tor sein, das dich mit der Weisheit in dir verbindet.

Diese Karten wurden entwickelt, um dir zu helfen, einen direkten Dialog mit deiner Seele zu führen, indem du die Rose als Tor wählst. Wenn du für jemand anderen legst, erwähne dies bitte und leite dein Gegenüber an, die Karten als Werkzeug zu verstehen, um sich mit seiner eigenen Seele und seiner wahren Natur zu vereinigen. Ich selbst sehe die Orakelkarten als eine Möglichkeit, mit der inneren Weisheit in Verbindung zu treten. Ich glaube, dass sie am kraftvollsten sind, wenn wir sie als Spiegel unseres inneren Wissens begreifen und nicht nur als Hilfsmittel, um die Zukunft vorherzusagen, und ich bin davon überzeugt, dass die Arbeit mit Orakelkarten eine Möglichkeit der spirituellen Praxis sein kann.

Die Karten bieten dir eine gewisse Struktur und einen heiligen Raum, in dem du die Bedürfnisse deiner Seele (oder die der Person, für die du legst) erkunden kannst. Wir leben in einer Welt des freien Willens und niemand außer uns hat die Kontrolle über unsere Seele. Andere dazu zu ermutigen, ihrer inneren Weisheit zu vertrauen, ist die entscheidende und moralische Verantwortung der*s Kartenleger*in.
Egal, ob du für dich selbst oder für jemand anderen legst, es ist wichtig, dass du deine Persönlichkeit und deinen Willen zuvor zurückstellst. Damit meine ich, dass du ein klarer Kanal im Dienst und in der Hingabe sein solltest – unabhängig vom Ergebnis – und darauf verzichtest, deine eigene Meinung, dein eigenes Urteil oder deine eigenen Interessen einzubringen. Wie bei jeder Heilungsarbeit gilt auch hier: Je bewusster wir uns unseres eigenen Entwicklungsprozesses sind, desto klarer wird das Ergebnis für uns und andere ausfallen. Unsere Aufgabe als Kartenlegerin oder Kartenleger ist es, andere zu befähigen, eine direkte Beziehung zu ihrer eigenen Seele aufzubauen, statt sich auf unsere Führung zu verlassen.

WIE DU DIE KARTEN NUTZEN KANNST

Ich möchte dich dazu ermutigen, die Karten so zu nutzen, wie es für dich am besten ist. Ich bin mir bewusst, dass viele von uns ihre eigene Methode haben und dass es für andere neu ist, mit Orakeln zu arbeiten. Im Folgenden findest du einige Beispiele dafür, wie du mit den Karten umgehen kannst, aber lass dich dabei stets von deinem Herzen leiten.

SCHRITT 1 *Öffne den Seelenraum und verwende die Rose als Portal*

Bevor du mit dem Legen beginnst, ist es wichtig, vom geradlinigen Verstand in den Raum der Seele zu wechseln. Sobald wir den Seelenraum betreten, kommunizieren wir mit der Intelligenz des Lebens, in der alles miteinander verbunden ist. Die Rose ist ein Portal, das uns dies ermöglicht.

Visualisiere in der Mitte deines Herzens eine wunderschöne Rose. Atme tief ein und stell dir vor, wie sich die Rose Blütenblatt für Blütenblatt öffnet und in ihrer Mitte ein Licht zum Vorschein kommt. Das ist deine Seele, dein altes Selbst, das dich jeden Augenblick des Tages leiten kann. Es ist derjenige Teil von dir, der mit der Intelligenz des Lebens und der Natur selbst verbunden ist. Sprich die folgende Anrufung laut oder im Flüsterton:

Mutter Rose, segne diese Karten und sprich durch sie.

Offenbare mir/uns, was für mich/uns/
<Name einfügen> hilfreich ist, damit
ich mich erinnere und erkenne.

Danke, danke, danke.

SCHRITT 2 *Mischen und Verbinden*

Misch die Karten. Spüre in deine Frage/dein Gebet hinein oder in jenen Lebensbereich, für den du gerne Führung erhalten möchtest. Ich nehme die Frage/das Gebet gerne in die Mitte meines Herzens und stelle mir vor, dass sie/es sich um mich herum ausbreitet und mich mit dem intelligenten Geist in allen Dingen verbindet.

SCHRITT 3 *Teilen und ausbreiten*

Teile die Karten in drei Stapel auf und füge sie dann in beliebiger Reihenfolge wieder zu einem Stapel zusammen. Breite die Karten vor dir aus. Jetzt kannst du deine Karten auswählen.

SCHRITT 4 *Wähle deine Karten*

Lass dich von den Karten anziehen und wähle dann die entsprechende Anzahl von Karten für dein ausgewähltes Legesystem aus. (Eine Anleitung dafür findest du bei den Legemustern ab Seite 48.) Lege die ausgewählten Karten verdeckt in der von dir gewählten Reihenfolge vor dich hin. Schiebe die restlichen Karten beiseite und drehe dann die ausgewählten Karten um.

SCHRITT 5 *Lass die Karten zu dir sprechen*

Beginn deine Legung mit dem von dir gewählten Legesystem. Schlag die Bedeutung der einzelnen Karten im Kapitel *Die Karten – Botschaften und Interpretationen* auf den Seiten 53 – 141 nach.

UNTERSTÜTZE DEINE FÜHRUNG DURCH GEERDETES HANDELN

Wenn du mit meiner Arbeit vertraut bist, weißt du, dass ich fest daran glaube, dass wir unsere Einflüsterungen und Ratschläge in geerdete Handlungen umsetzen können. Am Ende jeder Kartendeutung findest du Hinweise, die dir dabei helfen.

- **Seelenfrage®** Diese Fragen helfen dir dabei, die Botschaften deiner Seele zu hören, zu deuten und zu verstehen. Sprich sie laut aus, meditiere darüber oder schreibe sie intuitiv auf.

- **Rosen-Übertragung** Diese Impulse entfachen die heilende Energie und die Weisheits-Codes der Rose. Es gibt keinen kraftvolleren Klang als deine eigene Stimme, deshalb gilt für jede Rosenübertragung, halte die Karte an dein Herz und lies die Worte laut oder flüsternd vor. Ich empfehle, jede Übertragung dreimal zu wiederholen.

LEGEMUSTER

Das Orakel der Rose wurde so konzipiert, dass du damit arbeiten kannst, wie du dich berufen fühlst – verlasse dich immer auf die Weisheit deiner eigenen Seele und nicht auf die Meinung Außenstehender, auch nicht auf meine. Wenn es ein Kartendeck gibt, mit dem du gerne arbeitest, dann vertraue darauf. Auf den folgenden Seiten findest du eine Reihe von Legesystemen, die ich speziell für dieses Deck entwickelt habe. Du kannst sie natürlich auch für andere Kartendecks verwenden.

MUTTER ROSE

Tageskarten ziehen

Dieses Tageskarten-Ziehen kannst du in deine tägliche Praxis integrieren. Stell dir eine Rose in der Mitte deines Herzens vor und flüstere das folgende Gebet:

Mutter Rose, sprich zu mir, zeige mir, was sich heute für mich offenbart und worauf ich achten sollte.

DER ROSEN-GARTEN

Legung mit zwei Karten

Dies ist eine wunderbare, schnelle Legung, um dir eine Perspektive für einen bestimmten Bereich deines Lebens, deine Beziehung oder ein Projekt zu vermitteln, an dem du gerade arbeitest. Sie liefert dir einen Ausblick auf ein mögliches Ergebnis und verschafft dir Klarheit darüber, wo du in diesem Augenblick stehst.

Position 1: Die Saat – Wo du bist.
Position 2: Der zukünftige Rosengarten – Der bestmögliche Ausgang.

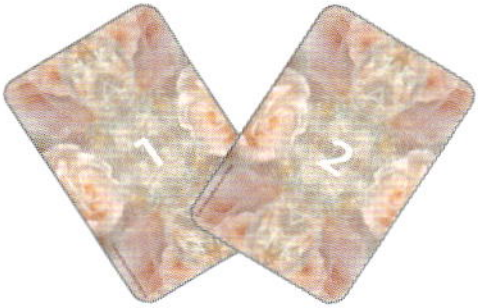

SUB ROSA

Legung mit vier Karten

Dies ist ein gutes Legemuster, wenn du dich festgefahren fühlst oder ein Problem hast, von dem du nicht weißt, wie du es lösen kannst.

Position 1: Was bekannt ist.
Position 2: Was verborgen ist.
Position 3: Was sich gerade entfaltet.
Position 4: Die geerdete Handlung, die du vornehmen solltest.

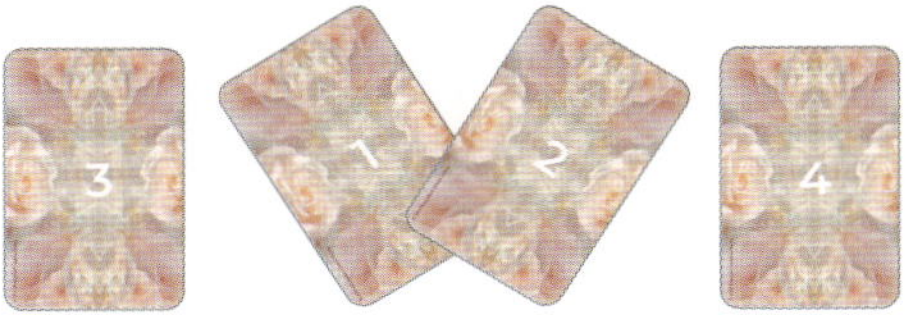

VERTRAUE DEN JAHRESZEITEN

Legung mit vier Karten

Dieses Legesystem unterstützt dich dabei, mögliche Themen für die kommenden zwölf Monate zu ermitteln. Du kannst es für eine allgemeine Legung verwenden oder dich auf einen bestimmten Bereich deines Lebens konzentrieren.

Position 1: Die nächsten drei Monate.
Position 2: Die nächsten sechs Monate.
Position 3: Die nächsten neun Monate.
Position 4: Die nächsten zwölf Monate.

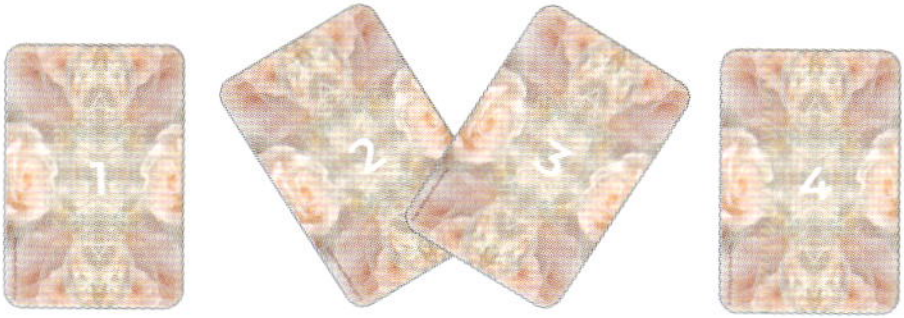

ROSE, KNOSPE, DORNEN, SAMEN, WURZEL

Legung mit fünf Karten

Dieses Legesystem nutzt die Intelligenz der Natur, um das große Ganze, aber auch die praktischen, hilfreichen Dinge auf dem Weg zu erkennen. Eine wunderbare Legung, wenn du etwas mehr Zeit hast, tief in die Materie eintauchen und fundierte Entscheidungen treffen willst!

Position 1: Rose – Was erblüht. Das mögliche zukünftige Ergebnis.
Position 2: Knospe – Was vielversprechend ist. Der aktuelle Augenblick.
Position 3: Dornen – Was überwunden werden muss. Die Herausforderung.
Position 4: Samen – Was genährt und gefördert werden muss.
Position 5: Wurzel – Die geerdete Handlung.

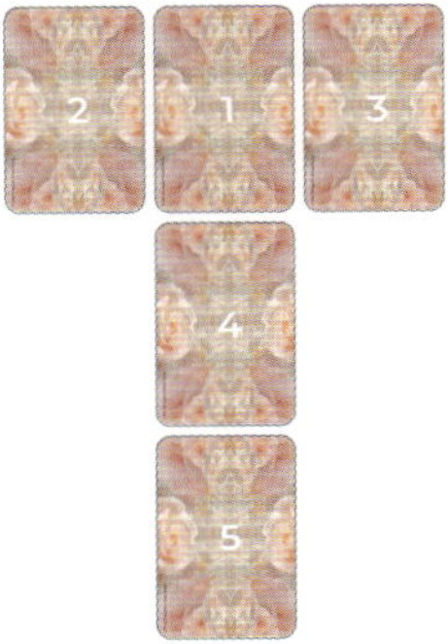

DIE KARTEN

Botschaften und Interpretationen

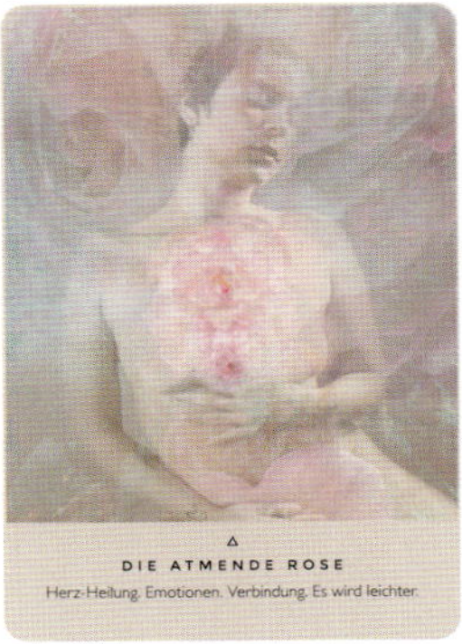

DIE ATMENDE ROSE

Herz-Heilung. Emotionen. Verbindung. Es wird leichter.

Heilung ist oft ein langsamer, ein stetiger Prozess. Er ist komplex, verläuft nicht linear und dauert so lange, wie er eben dauert. Und das ist meistens viel länger, als wir es uns wünschen würden. Aber wie bei allen Dingen in der Natur, so ist auch hier eine geheimnisvolle Intelligenz am Werk. Wenn wir darauf vertrauen und die lebendigen Blütenblätter auf die Erde fallen lassen, zurückschneiden, was nicht mehr benötigt wird, und die neuen Triebe und Knospen vor dem Ausbrechen schützen, ist es möglich, dass wir eine zweite Blüte erleben. Und die Frucht wird folgen. Doch wir können diesen Prozess nicht erzwingen,

wir müssen ihm vertrauen. Vertrauen auf dieses große, ewige Geheimnis, das ihm innewohnt.
Die Knospe schafft es auf ihre Weise, ihre Begrenzungen zu durchbrechen und sich dem Leben zu stellen. Sich zu öffnen für das, was geschieht. Die gesamte Natur besitzt diese Intelligenz. Die Herausforderung, wenn wir eine Zeit der Heilung durchmachen – eine andere Bezeichnung für Wachstum, Transformation, Veränderung – besteht darin, uns nicht von der Welt abzuschotten, wenn wir uns am liebsten zurückziehen und verschließen würden. Vielmehr müssen wir den Mut aufbringen, uns auf die damit verbundenen Qualen, Schwierigkeiten und Verletzungen einzulassen und uns weiter zu öffnen. Und wenn wir uns sicher genug fühlen, lassen wir zu, dass das Leben uns weicher werden lässt, statt uns zu verhärten, dass es uns tiefer gehen lässt und uns wiegt. Wir akzeptieren, was geschieht.
Dies ist eine Karte der tiefen Herzheilung. Sie erscheint uns oft als Symbol für emotionale Heilungsprozesse, die gerade stattfinden. Sei gut zu dir, nimm deine Heilung mit Mitgefühl, Verständnis und Sanftheit an. Diese Karte will dich ermutigen, dies zu tun und dem Leben zu vertrauen. Schon bald ist die Zeit gekommen, in der alles leichter wird.

SEELENFRAGE

Wie kannst du dich selbst mit sanftem Mitgefühl und Güte behandeln?

Wie kannst du auf den Zeitpunkt deiner Heilung vertrauen?

BRÜDER DER ROSE

Das Göttliche Maskuline. Ehre. Schutz. Unterstützung.

Dies ist eine Karte des heiligen Männlichen. Wie das Weibliche existiert auch das heilige Männliche in jedem von uns, und gemeinsam sind wir alle aufgerufen, beide Energien in uns auszugleichen. Wie die Sonne und der Mond. Das Solare und das Lunare. Vielleicht ist es das, was es bedeutet, eine neue Welt zu gebären.

Das heilige, reife Männliche ist etwas, das unsere Welt so sehr braucht. Es ist der Teil von uns, der in tiefer Ehrfurcht und Verehrung für das Weibliche lebt. Es erkennt die Göttin in allem Leben, auch in der Erde, und verpflichtet sich, das Weibliche zu schützen und in Hingabe daran zu leben. Das heilige Männliche weiß, dass Streben und

Kampf, Aushalten und Erobern nicht hilfreich sind. Das heilige Männliche ist stark und liebevoll, beschützend, aber nicht defensiv.

Diese Karte könnte ein Zeichen dafür sein, dass du aufgerufen bist, an der heiligen männlichen Energie in dir zu arbeiten, die gerade reift und aufsteigt. Es könnte sein, dass du aufgefordert bist, an der Ahnenheilung deiner väterlichen Linie zu arbeiten. Die Karte könnte ein Hinweis darauf sein, dass du aufgefordert bist, das heilige Männliche in deiner Umgebung anzurufen oder anzuerkennen. Es könnte aber auch bedeuten, dass das heilige Männliche in deinem Leben auftaucht.

Das heilige Männliche existiert in uns allen. Es umfängt dich, damit du deine heilige Arbeit tun kannst - damit du Teil der Rückkehr der Göttin auf diese Erde sein kannst. Die Rose ist ihr Emblem, und sie tragen es stolz auf ihrem Herzen.

SEELENFRAGE

Wie wirst du dazu inspiriert,
mit dem heiligen Männlichen zu arbeiten?

△

CODES DER SAMEN

Alles ist in dir. Mache den nächsten Schritt.

Samen wissen genau, was sie zu tun haben; in ihnen steckt das Potenzial ganzer Wälder und Rosengärten. Samen besitzen ein gutes Zeitgefühl, das mit der Intelligenz des Universums verbunden ist. Wir alle sind Samen, zukünftige Wälder und Gärten, die darauf warten, geboren zu werden. Wir alle tragen die Codes einer neuen Menschheit in uns. Veränderung ist unser natürlicher Zustand.

Samen müssen in den dunklen Boden gesetzt und mit Erde bedeckt werden, bevor sie im Licht erblühen können. Sie können nicht blühen, ohne vorher die fruchtbare Leere des Winterbodens zu umarmen. Sie können nicht blühen, ohne sich aus der schützenden Knospe zu befreien. Und

sie können keine Früchte tragen, ohne ihre Schönheit an die Erde abzugeben und genau das loszulassen, was andere in ihren Bann gezogen hat.
Diese Karte vermittelt dir die Botschaft, dass du alles in dir trägst, was du benötigst, um das zu erschaffen, wozu du bestimmt bist. Du hast alles, was du brauchst, um dich den Herausforderungen, die dir das Leben bietet, zu stellen und dich durch jedes Terrain zu navigieren. Die Blaupause, dein Bauplan für all das, ist schon vor Urzeiten in dir angelegt worden. Du trägst die Samen-Codes für den herrlichsten Rosengarten in dir, der nur darauf wartet, Knospen zu bilden und zu blühen. Vertrau diesen Codes. Erinnere dich an diese Blaupause, diesen Bauplan für deinen Rosengarten.
Alles, was du jetzt tun musst, ist, den nächsten Schritt zu wagen. Und morgen machst du einen weiteren. Wenn du konsequent Tag für Tag kleine Schritte gehst, wirst du eines Tages, in nicht allzu ferner Zukunft, zurückblicken, und den atemberaubendsten Garten voller Rosen um dich herum entdecken. Und dann werden Früchte folgen. Aber heute geht es nur darum, dass du den nächsten Schritt machst. Du weißt, was zu tun ist. Du trägst in dir die verschlüsselte Blaupause dafür.

SEELENFRAGE

Wozu ruft deine Seele dich auf?
Welchen kleinen Schritt kannst du machen?

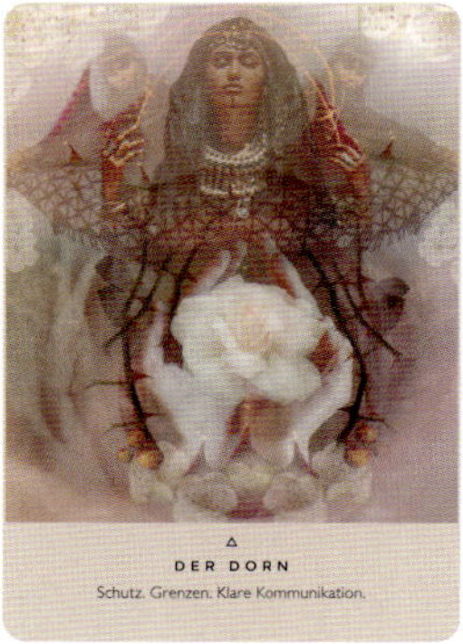

△

DER DORN

Schutz. Grenzen. Klare Kommunikation.

Die Rose ist die Königin aller Blumen. Ihre zarte und oft auch duftende Blüte ist einfach atemberaubend. Als Brücke zwischen Himmel und Erde hat sie die Macht, ein Portal zu unserem wahren Selbst zu sein und unsere Seele in unseren Körper zu rufen. Sie lässt uns in Ehrfurcht versinken und ermöglicht es uns, den Himmel auf Erden für einen sehr kostbaren Augenblick zu erleben.

Aber die Rose ist nicht nur sanft und lieblich. Vielmehr sind die meisten Rosen mit Dornen gepanzert – mit Stacheln verschiedener Formen und Größen. Diese spitzen Beschützer wirken wie Ritter, die ihre Königin verteidigen und für sie die erforderlichen Grenzen und Bedingungen

festsetzen, damit sie das tun kann, wozu sie geboren wurde.
Auch wir sind wie die Rose. Aber oftmals haben wir nicht gelernt, wie wichtig eine klare Kommunikation und liebevolle Grenzen für unsere Beziehungen sind. Wenn wir uns selbst nicht über unsere Bedürfnisse im Klaren sind – diese nicht mitteilen und keine Verantwortung für sie übernehmen – ist es anderen nicht möglich, uns das zu geben, was wir wirklich wollen. Und das führt dann häufig zu einem Auseinanderbrechen der Beziehung.
Wenn wir unsere Bedürfnisse eindeutig kommunizieren und Grenzen setzen, können nicht nur wir uns sicher fühlen, sondern auch die Menschen, mit denen wir in einer Beziehung leben. Diese Karte vermittelt die Botschaft, wie wichtig es ist, klar zu kommunizieren, Grenzen zu setzen und Verantwortung für unsere Bedürfnisse zu übernehmen. Um anderen gegenüber eindeutig und klar zu sein, müssen wir zuerst mit uns selbst im Reinen sein. Und dann sollten wir dies unseren Lieben und der Welt mitteilen.

SEELENFRAGE

Welche liebevollen Grenzen sollst du setzen?

*Wie kannst du mit denjenigen,
mit denen du in einer Beziehung stehst,
klar kommunizieren?*

△

DIE EINGEWEIHTEN

Folge dem Ruf. Führerschaft. Ermächtigung.
Seelen-Gaben.

Rosenöl wurde seit jeher zur Salbung von Eingeweihten verwendet. Auch der von Königen. Diese Karte will dich ermutigen, noch stärker für die Dinge einzutreten, die dir am Herzen liegen, konsequenter zu leben, wofür du hier bist. Sie fordert dich auf, in dein inneres Königreich einzutreten, deine dir bestimmte Rolle anzunehmen. Dem wichtigsten Ruf deiner Seele zu folgen und dich deiner wahren Berufung zu stellen. Um noch mehr von dem auszusäen, weshalb du hierhergekommen bist. Akzeptiere deine Ankunft als die Initiation deines Lebens. Folge dem Ruf und befreie dich von dem äußeren Lärm, der dich vielleicht bisher davon abgehalten hat, all das zu sein, was du bereits bist. Zu erkennen, dass du seit langer Zeit, vielleicht sogar ein ganzes Leben lang, dafür trainiert hast, diese dir angestammte Rolle zu übernehmen.

Der Weg, den deine Seele gewählt hat, ist einer, den nur wenige den Mut besitzen, zu gehen. Und du bist dafür inkarniert. Du wirst durch diesen Weg geführt. Deine Seele ist uralt, und mit jedem Schritt, den du in jedem Körper, in den du je gepflanzt wurdest, unternommen hast, hast du ein Kaleidoskop von Gaben gesammelt, die bereit sind, gezeigt und geteilt zu werden.

Du bist aufgefordert, dem Ruf, den du vernommen hast, zutiefst zu vertrauen. Zu führen, zu führen, zu führen. Der Weg, den du hier ebnen sollst, ist noch nie so beschritten worden, wie du ihn beschreiten wirst. Und wie bei allen alten Eingeweihten, Heiler*innen, Visionären, Kreativen und Führungspersönlichkeiten bist auch du nur ein prächtiger Faden im kunstvollen Webteppich des Lebens. Geh also deinen eigenen Weg, vertraue auf die Straße, die dich weiterführt, und lass dich immer von innen heraus leiten.

SEELENFRAGE

Wie wirst du dazu aufgerufen, vorzutreten und zu führen?

△

DAS FLÜSTERN VON MUTTER ERDE

Kreativität. Ideen. Inspiration. Schaffen. Schreiben. Kanal.

In dir schlummern kreative Ideen, die schon vor deiner Geburt gepflanzt wurden. Es existieren noch ungeahnte Fähigkeiten, die darauf warten, gewebt zu werden, kreative Lösungen, die darauf warten, verwirklicht zu werden, Lieder der alten Erde, die durch dich wirken und gesungen werden wollen, neues Bewusstsein, das sich danach sehnt, in die Materie eingebracht zu werden.

Gib dich den Schöpfungen hin, die dir zuflüstern. Vielleicht rufen sie dich, um das Netz des Lebens neu zu weben. Um deine Seele stärker einzubinden. Wir sind mit Schlüsseln füreinander auf diese Welt gekommen, und indem du

dein Lied mit anderen Menschen teilst, schließt du etwas in ihnen auf, löst du etwas in ihnen aus.
Kreativität und Intuition entspringen demselben heiligen Ort; sie lassen sich nicht reproduzieren. Vielmehr entstehen sie, wenn wir uns im Einklang mit dem gesamten Leben befinden. Die Erde ist ein Planet der Kreativität und doch haben so viele von uns vergessen, wie man wirklich schöpferisch wirkt. Ein Großteil der Menschheit ist zum Konsum erzogen worden – wir sind so sehr auf mehr, mehr, mehr aus, dass wir vergessen haben, wie wir nachhaltig leben und wachsen können. Unser Konsum zerstört uns.
Vertrau auf die Samen, die in dir angelegt wurden. Irgendwann haben wir aufgehört, uns als Künstler*innen, Kreative, Dichter*innen, Sänger*innen zu sehen ... Doch ein Mensch zu sein bedeutet, kreativ zu sein. Es spielt keine Rolle, was dabei herauskommt, nimm dir einfach Zeit, um deine Seele durch deine Kreativität auszudrücken. Die in dir gepflanzten Samen werden dir den Weg weisen. Sie tragen die schöpferische Intelligenz des ewigen Seins in sich und alles, was du tun musst, ist, sie durch tägliches geerdetes, kreatives Handeln zu pflegen.

SEELENFRAGE

Wonach sehnt sich deine Seele?
Was würde sie am liebsten erschaffen?

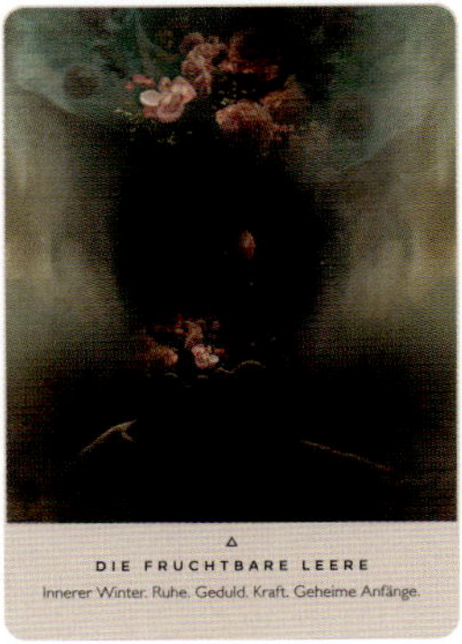

DIE FRUCHTBARE LEERE

Innerer Winter. Ruhe. Geduld. Kraft. Geheime Anfänge.

Dies ist eine sehr verheißungsvolle Karte. Sie birgt in sich die kraftvollen goldenen Samen eines neuen Anfangs und die Nachwehen eines Endes. Wir sind aufgerufen, Geduld zu haben und in einen Zustand tiefer Ruhe, der Regeneration und Akzeptanz einzutreten. Wir sind aufgefordert, einen Teil unseres Lebens oder sogar das, was es einst ausgemacht hat, metaphorisch sterben zu lassen, um neu zu säen, zu sprießen, zu knospen und zu blühen.

Oft geht es dabei um ein Loslassen, ein Abschiednehmen oder Trauern. Den Tod des eigenen Selbst oder dessen, was einmal war. Das Ende von etwas, das einmal wichtig für uns war. Beziehungen, Jobs, Identitäten, Lebensweisen.

Die fruchtbare Leere verlangt von uns, dass wir das Ende ehren, um wieder neu beginnen zu können. Das ist ein wichtiger Teil des Wachstums und ohne ihn ist nichts Neues möglich.
Auf der Karte siehst du ein goldenes Samenkorn, das im dunklen, fruchtbaren Schoß der Erde ruht. Es ist nicht ungewöhnlich, dass wir diese Phase des Wachstums missverstehen und glauben, dass nicht viel passiert Aber unter der Oberfläche des winterlichen Bodens geschieht so viel wie nie zuvor.
Der Winter ist eine Phase der Erneuerung, der Einweihung und der Wiedergeburt. Wenn wir eine Phase des inneren Winters durchlaufen, erleben wir das auch. Wir gehen metaphorisch „in die Tiefe", indem wir zum Stillstand kommen und uns erlauben, uns zu regenerieren und auszuruhen. Wir sind uns dessen vielleicht nicht bewusst, aber dies ist der wichtigste Teil unseres Wachstums. Und dazu braucht es Vertrauen und Hingabe.
Vertrau auf die Verlässlichkeit des Bodens. Das Neue wird gewebt, ohne dass du jeden Schritt überwachen musst.
Vertrau auf die Gewissheit des Bodens. Lass dich von dem großen Geheimnis umarmen. Dies ist eine sehr zarte, machtvolle Zeit.

SEELENFRAGE

Wie kannst du dich dem großen Mysterium hingeben?

DIE GROSSE MUTTER

Gib dich dem Mysterium hin.
Lass dich in IHRE Arme fallen.

Die Große Mutter hat dich aufgenommen, als du deinen ersten Atemzug gemacht hast, und sie wird da sein, wenn du deinen letzten nimmst. Sie weiß, wie herausfordernd das Leben auf der Erde sein kann. Dass das Menschsein zuweilen schmerzhaft, einsam und verwirrend ist. Dass die Gegensätzlichkeiten und Trennungen problematisch sein können, wenn deine Seele sich an das Einssein mit der Quelle erinnert. Aber gleichzeitig kann es auch unglaublich schön, süß und voller Freude sein.

Oft betrachten wir die Dinge entweder als gut oder schlecht: Wenn alles rund läuft, heißt das für uns, dass alles in Ordnung ist, und wenn etwas nicht klappt, dann haben wir vielleicht etwas falsch gemacht oder müssen etwas in Ordnung bringen. Wir haben vergessen, dass das Leben auf der Erde so nicht funktioniert. Die Polarität ist der Kern der Erderfahrung. Und gerade an den extremen Gegensätzen wachsen wir am meisten. Wir sind nicht dazu bestimmt, die Nacht, den Schatten und den Winter zu meiden.

Dieses Leben ist nur ein einziger Atemzug in der unauslöschlichen Existenz deiner Erfahrung als Seele. Übergib deine Sorgen und Verletzungen, all deinen Kummer, deine Ängste und Zweifel an die Große Mutter. Leg sie auf ihren Altar. Kehr zurück in die Geborgenheit des Ursprungs. Lass dich ganz in ihre Arme fallen. Überlasse dich dem Geheimnis, das alles durchwebt.

Erinnere dich daran, dass diese Extreme zwar nicht einfach sind, aber auch wunderschön sein können. Dass unbändige Freude der Trauer oft näher ist, als wir denken. Und je heftiger das Pendel deines Lebens ausschlägt, desto mehr kannst du möglicherweise sagen: „Ich habe wahrhaftig gelebt."

ROSEN-ÜBERTRAGUNG

Ich bin bereit, die Extreme in meinem Leben zu umarmen.

Ich lege alles, was ich mit mir trage, auf den Altar und lasse mich fallen in die Arme der Großen Mutter.

DIE GROSSMÜTTER

Erinnere dich an deine Wurzeln. Perspektive.
Vertrau der Webkunst.

Die Rose existierte bereits lange vor dir und mir, und auch schon lange vor der Menschheit selbst. Sie trägt in sich die Erinnerungen vergangener Kulturen. Und besitzt Wurzeln, die Millionen von Jahren zurückreichen und den Code der Schöpfung enthalten. Darin verborgen sind die Lieder der alten Großmütter der Erde. Kannst du ihr Lied vernehmen?

Wenn diese Karte beim Legen auftaucht, versteh sie als eine Einladung, weit zurückzugehen, um nach vorne zu kommen, tief zu wurzeln, um in die Höhe wachsen zu können. Die alten Großmütter rufen dich auf, dich an die

Weisheit deiner Vorfahren zu erinnern. Jene Weisheit, die lange vor dem Kolonialismus existierte, der so viel Heiliges zerstörte. Und lange vor dem Aufstieg und Fall von Imperien und Zivilisationen – sie reicht zurück zu den Ursprüngen der Menschheit.
Sie rufen dich dazu auf, deinen Teil zu dieser Zeit der Heilung beizutragen. Du sollst heilen und in dich integrieren, was du von deinen Ahnen geerbt hast. Das ist nichts Persönliches; dies sind Zeiten des Wandels und der Heilung, für die wir hierhergekommen sind. Wir sind hier, um uns wieder mit der Urmutter zu verbinden und unsere Rolle als Vorfahren derer, die noch kommen werden, zu übernehmen. Bleib geerdet und verwurzelt in deinem Leben, so dass du immer weißt, dass du zu Hause bist, egal, wie turbulent es wird.

ROSEN-ÜBERTRAGUNG

Ich greife auf meine Wurzeln zurück,
um voranzuschreiten.

Ich rufe die heilige Kraft und die Unterstützung
meiner Vorfahren an, die mich nicht vergessen
haben und die jetzt bei mir sind.

Ich nehme die Schwierigkeiten und das,
was geschehen mag, an, um geheilt zu werden.

Und ich tue dies für alle, die noch kommen werden.

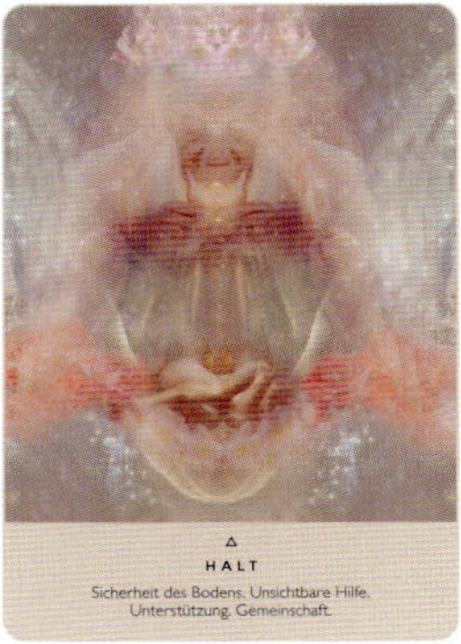

△

HALT

Sicherheit des Bodens. Unsichtbare Hilfe.
Unterstützung. Gemeinschaft.

In turbulenten Zeiten brauchen wir etwas, an dem wir uns orientieren können, um Halt zu finden. Du musst kein Held sein. Du musst das nicht allein durchstehen. Wenn die Dinge um uns herum auseinanderbrechen, müssen wir etwas finden, auf das wir uns verlassen können und das sich nicht verändert. Wir brauchen tiefe Wurzeln, die uns Halt schenken, wenn der Wind der Veränderung weht. Unterstützung durch die Gemeinschaft.

Wenn wir unser Zuhause verlassen, müssen wir etwas finden, das uns Halt gibt. Wenn unser*e Geliebte*r uns verlässt, müssen wir etwas finden, das uns Halt gibt. Wenn wir unsere Arbeit verlieren, müssen wir etwas finden, das uns Halt gibt. Wenn unsere Eltern sterben, müssen wir etwas finden, das uns Halt gibt. Wenn wir denken, dass uns nichts mehr hält, ist das eine Aufforderung, einen neuen, stützenden Halt zu finden. Hier können wir die Sicherheit des Bodens entdecken. Den Rückhalt der Wurzeln. Und wir können unsere Gemeinschaft um zusätzlichen Halt bitten. Wir sind nicht dazu bestimmt, allein auf dieser Erde zu wachsen. Ein wahrer Held weiß das. Und ergreift die helfende Hand.

Manchmal reißt uns das Leben das weg, woran wir uns am meisten klammern. Oder vielleicht klammern wir uns daran, weil wir die herannahenden Zyklen der Veränderung spüren können. Doch in der Dunkelheit unserer längsten, dunkelsten Nacht entdecken wir, dass wir in den leeren Räumen am meisten empfangen und gehalten werden können. In ihnen entdecken wir einen Halt, den wir vorher nicht kannten. Und wir entdecken, dass das, was wir für ein Grab hielten, in Wirklichkeit ein Schoß ist.

Du bist aufgerufen, darauf zu vertrauen, dass die Große Mutter dich hält. Vertraue auf die Sicherheit ihres Bodens. Vertraue auf den Prozess, der sich entfaltet, und darauf, dass du das nicht allein durchstehen musst.

SEELENFRAGE

Wie kannst du mehr Unterstützung in deinem Leben bekommen?

Was hält dich im Moment noch zurück?

DER HEILIGE GRAL

Beende die endlose Suche.
Wende deinen Blick nach innen.

Der Heilige Gral ist eine geheimnisvolle, lang gesuchte Reliquie, über die im Laufe der Jahrhunderte viele Geschichten erzählt wurden. Manche glauben, dass er den Schlüssel zum ewigen Leben und zur göttlichen Vereinigung in sich trägt. Viele widmen ihr ganzes Leben der Aufgabe, ihn zu finden und zu besitzen. Er taucht in den Legenden von König Artus auf; der Ritter Galahad erfuhr durch ihn die Vision von Gott. In der christlichen Mystik ist der Gral der Kelch, aus dem Jesus beim letzten Abendmahl trank und der danach von Josef von Arimathäa benutzt wurde, um das Blut Christi bei der Kreuzigung aufzufangen. Später wurde er auf die

Insel Avalon gebracht und auf dem Chalice Hill (Glastonbury, Großbritannien) vergraben, wodurch sich das Wasser des Chalice Well rot färbte. Noch heute reisen Pilger*innen aus allen Teilen der Welt dorthin, um aus diesem heilenden Gewässer zu trinken. Manche glauben, dass die Grals-Legende älter als Christus ist und von den Brunnen und Kesseln der walisischen und keltischen Mythologie inspiriert wurde.

Der Heilige Gral ist die ultimative spirituelle Suche. Viele verstehen unter Suche einen physischen Ort, zu dem sie reisen, den sie erobern oder finden müssen, aber vielleicht ist der Gral auch eine Einladung, nach innen zu gehen. Uns mit der Gnade in unserem Herzen zu verbinden, um sie im Außen zu finden. Zu erkennen, dass das Ziel dieser Reise, auf der wir aus dem ewigen Brunnen trinken, darin besteht, den Gral tief in uns zu entdecken, als jenen Teil von uns, der ewig währt.

Vielleicht ist das der Grund, warum die Rose ein Symbol ist, das mit dem Gral in Verbindung steht. Ihre Blütenblätter laden uns ein, in die Tiefe zu gehen. Denn dort finden wir die Quelle mit dem köstlichen Nektar, die unseren Durst nach all dem stillt, wonach wir uns immer gesehnt haben. Hör auf, nach außen zu schauen, beende deine endlose Suche, wende deinen Blick nach innen.

SEELENFRAGE

Wie schaffst du es, nach innen zu gehen und dich mehr auf das zu konzentrieren, was wirklich wichtig ist?

DIE HEILIGE VEREINIGUNG

Innig geliebt. Innere und äußere Beziehungen.

Durch Beziehungen wachsen wir; sie stützen und fordern uns. Durch Vereinigung und Entfremdung, Liebe und Schmerz, Mitgefühl und Trennung laden sie uns ein, immer wieder zu der wichtigsten Verbindung zurückzukehren, die wir je haben werden – jener mit uns selbst, jene heilige Vereinigung, die in unserem Inneren auf uns wartet.

Die alten Lehren der Mystiker weihen uns ein in die Geheimnisse der heiligen Vereinigung: Hieros gamos („heilige Ehe“) in der frühchristlichen Mythologie und der Kabbala, der sexuellen Alchemie in den alten ägyptischen Lehren und Yab-yum („Vater-Mutter“), der tantrischen Verschmelzung im tibetischen Buddhismus. Wir sind mit mystischen Paaren wie Isis und Osiris vertraut, aber jeder von uns trägt in sich das heilige Männliche und Weibliche. Und die heilige Vereinigung durch eine äußere Beziehung ist immer auch eine Einladung zur Vertiefung der inneren Vereinigung. Jede Beziehung kann als Einladung verstanden werden, die Verbindung mit unserem wahren Selbst im Inneren zu vertiefen, selbst unsere schwierigsten Beziehungen – vor allem die schwierigsten.

Die heilige Vereinigung findet nicht nur zwischen dir und einem anderen Menschen statt – sie ist ebenso eine Rückkehr zu dir selbst. Und indem wir zu uns selbst heimkehren, kehren wir auch zur Menschheit als Ganzes zurück.

Vielleicht wirst du aufgefordert, durch Beziehungen zu wachsen. Vielleicht hast du das Gefühl, dass du auf die Probe gestellt oder herausgefordert wirst, oder du sehnst dich nach etwas im Außen. Dies ist eine Einladung, deine Verbindung nach innen zu vertiefen, dich vorbehaltlos anzunehmen und dich wie den wertvollsten Menschen auf diesem Planeten zu behandeln. Je mehr du dich selbst akzeptierst, ja liebst, desto leichter fällt es dir, auch andere zu akzeptieren und zu lieben.

SEELENFRAGE

Wie gelingt es dir, dich selbst mehr zu lieben?

DAS HEILIGE WASSER

Nahrung. Wiederauffüllen. Gesundheit.
Erholung. Selbst-Fürsorge.

Das heilige Wasser ist die lebenspendende Mutter von uns allen. Dieses heilende Elixier versorgt uns, schenkt uns Leben. Wir alle kommen aus dieser Quelle. Wie die Rose brauchen wir ihr heiliges Wasser, um zu überleben und zu gedeihen.

Wir müssen unsere Wurzeln tief schlagen, um die Nahrung zu empfangen, die wir so dringend benötigen. Aber vor allem sollten wir all das, was wir für selbstverständlich halten, schätzen, schützen und ehren. Die Mutter der heiligen Gewässer sendet dir die Botschaft, dein Tempo zu drosseln und dich um dich selbst zu kümmern,

insbesondere um deinen Körper. Stell dein Wohlbefinden in den Vordergrund und führe ein Leben, das nachhaltig ist. Die Mutter erinnert uns daran, uns ständig zu regenerieren, zu stärken und auf unsere Gesundheit zu achten, und dies nicht nur dann, wenn wir uns unwohl fühlen.
Du bist dazu aufgerufen, dich zu nähren und gut für dich zu sorgen, bevor du dich zerbrechlich und ausgebrannt fühlst. Die Mutter der Heiligen Wasser möchte, dass du weißt, dass es in deinem Leben nichts Wichtigeres gibt als die Pflege deines eigenen heiligen Gefäßes, deines Körpers – und unsere Erde ist eine Erweiterung davon. Sie möchte, dass du dich liebevoll umsorgst. Dass du deinen Körper und dich selbst hegst und pflegst. Dass du deinen Brunnen füllst, bis er überläuft, und dass du dann einen Weg findest, aus dem Zustand der eigenen Fülle heraus etwas zurückzugeben. Schenk deinem Körper das, wonach er sich am meisten sehnt, bevor es zu einem dringenden Bedürfnis wird.

SEELENFRAGE

Wonach sehnt sich dein Körper?

HEILUNG DER MUTTER-LINIE

Heilen. Ahnen-Arbeit. Die Mutter-Linie. Heranreifen.

Wir leben in einer Zeit komplexer Heilungsprozesse, insbesondere wenn es um die Mutterlinie geht. Wir stehen gemeinsam vor einem generationenübergreifenden Trauma, das uns Kolonialismus und Patriarchat aufgezwungen haben. So viele Kinder wurden von Müttern geboren, die selbst keine Mütter sein konnten. Es ist an der Zeit, diese Kette zu durchbrechen.
Unzählige unserer Vorfahren haben brutale Verfolgung und Trennung vom heiligen Weiblichen erfahren. Wir wurden von der Großen Mutter getrennt und stattdessen dazu angehalten, nur auf einen männlichen Gott im Himmel zu schauen. So viele Menschen haben nie gelernt,

das Heilige in allen Dingen und das Weibliche in all seinen Phasen als heilig, kraftvoll und spirituell zu begreifen. Diese Lebensweise dauert schon viel zu lange an und wir alle sind aufgerufen, sie im Namen unserer Ahnen (aus der Vergangenheit und der Zukunft) zu heilen.

Heilung ist möglich. Sie ist vielleicht nicht gerade leicht oder problemlos, aber sie ist möglich. Sie kann in beide Richtungen erfolgen – deine Ahnen aus Vergangenheit und Zukunft singen mit dir. Es ist an der Zeit, unseren Müttern zu verzeihen, für all das, was sie uns vielleicht nicht geben konnten. Es ist an der Zeit, einen Weg zu suchen, die liebende Mutter in uns selbst zu kultivieren. Uns mit der gleichen tiefen Ehrfurcht, Bewunderung, dem Verständnis und dem Mitgefühl zu behandeln, nach dem wir uns die ganze Zeit gesehnt haben. Das kannst du schon heute für dich selbst tun. Du kannst dir selbst so begegnen, wie andere es nicht vermochten. Und wenn du das tust, werden dich die zukünftigen Vorfahren dafür segnen, dass du den Mut gefunden hast, dich selbst zu befreien und auf tiefer Ebene zu heilen.

ROSEN-ÜBERTRAGUNG

Ich gehe den langen Weg zurück zur Urmutter
und befreie alle Mütter, wie auch mich selbst.

HEILUNG GESCHIEHT

Du bist noch nicht gebrochen. Vertrau dem Prozess.
Es ist sicher, weich zu werden.

Du bist nicht gebrochen, du bist Teil der sich fortwährend weiterentwickelnden Natur des Lebens. Ständig in Wandel, ständig in Wandel, ständig in Wandel. Veränderung ist dein natürlicher Zustand. Die Rose weiß, dass du nie dazu bestimmt warst, immer gleich zu bleiben – eine bestimmte Figur, Größe oder Persönlichkeit zu haben. Du bist nicht die Norm, und das ist auch normal. Du wirst immer mehr und mehr zu dem Wesen, das du in Wahrheit wirklich bist. Heilung geschieht in jedem Moment eines jeden Tages. Du kehrst jeden Augenblick zu deinem wahren Zustand zurück. Ruf dein Team von Menschen zur Unterstützung herbei, die dich darin bestärken können. Menschen, die auf die Weisheit deines wahren Seins vertrauen. Ein*e wahrhaftige*r Heiler*in weiß, dass er*sie nicht der*diejenige ist, der*die die Heilung bewirkt, sondern dass er*sie lediglich die Vision der Wiederherstellung der Gesundheit in sich trägt. Die Vision der Rückkehr zur Vollkommenheit. Und er*sie weiß, dass Ganzheit kein stagnierender Zustand ist.

Wenn du alle Teile des Lebens annimmst – von der Ekstase bis zur Qual, von der Freude bis zur Trauer, von der Blüte bis zum Fall – wirst du erkennen, dass Heilung immer stattfindet und das Leben auf deiner Seite ist. Niemand ist immun gegen die Polaritäten dieser menschlichen Erfahrung: Der einzige Weg, sie zu meistern, besteht darin, alle Aspekte davon zu akzeptieren. Das Licht und den Schatten. Und wie jede*r Heiler*in oder Eingeweihte weiß, ist der einzige Weg zum Licht der, den inneren Schatten anzunehmen. Der Schatten, und manchmal auch der Schmerz, ist ein Portal zu deiner Befreiung.

Du bist nicht gebrochen. Du heilst; Heilung findet statt; vertraue auf das richtige Zeitgefühl des Lebens.

ROSEN-ÜBERTRAGUNG

Heilung geschieht. Heilung geschieht.
Heilung geschieht.

△

DAS INNERE KIND

Innere Mutter. Unschuld. Sanftheit. Zärtlichkeit.

Wir können so streng zu uns selbst sein, erwarten, dass wir nach einem bestimmten Zeitplan heilen und gehen hart mit uns ins Gericht, sobald wir einen Fehler machen. Die Rose möchte, dass wir alle Verhärtungen aus unserem Körper und alle Verletzungen aus unseren Zellen loslassen. Dass wir einen Weg finden, sensibler und einfühlsamer mit uns selbst umzugehen. Sie möchte, dass wir uns daran erinnern, dass wir alle unschuldige Kinder der Sterne und der Erde sind. Ganz gleich, was geschehen ist, gerade geschieht oder geschehen wird. Die Blumen sind für uns da. Sie sind ein sicherer Ort, ein weicher Ort, um sich zu erinnern. Sie wollen, dass du das Kind in dir nährst.

Diese Karte stärkt dir freundlich den Rücken, bestätigt dich und drückt ihr Mitgefühl aus. Sie ist eine Botschaft des sanften Verständnisses und der Zärtlichkeit. Sie erinnert dich daran, dich selbst wie das unschuldige Kind zu behandeln, das du bist. Und sie fordert dich auf, dein Inneres Kind anzunehmen, es tief in den weichen Blütenblättern deines Herzens zur Ruhe zu betten.

Wir alle haben ein Kind in uns, das irgendwann Zuflucht suchte, weil es verletzt wurde oder weil es sich in der Welt nicht sicher fühlte. Und egal, wie sehr wir uns weiterentwickelt haben und gewachsen sind, sobald wir als Erwachsene verletzt oder mit bestimmten Triggern konfrontiert werden, ist es normal, dass wir uns in dieses Alter zurückversetzen und uns von den ursprünglichen Gefühlen überwältigt fühlen. Wir können zwar die Vergangenheit nicht ändern, aber wir können das Kind in uns auffangen und es in die weichen Blütenblätter der Rose unseres eigenen Herzens betten.

SEELENFRAGE

Wie kannst du zärtlich für dein Inneres Kind sorgen?

DIE KNOSPE

Potenzial. Versprechen. Es wird bald geschehen.
Mach weiter.

Eine Knospe ist eine Art embryonaler Schwellung am Stiel der Rose, die das Potenzial besitzt, sich zu einer Blüte, einem Blatt oder einem Trieb zu entwickeln. In gemäßigten Klimazonen bilden die Pflanzen Ruheknospen, die dem brutalen Frost standhalten.

Eine solche Knospe ist das Versprechen auf das, was kommen wird. Sie ist die physische Manifestation der Samen, die wir tief in der Erde bewahrt und durch die fruchtbare Leere des Winters genährt und geträumt haben. Jetzt befinden wir uns in der inneren Jahreszeit des Frühlings, und die Knospe beginnt zu erkennen, wozu sie schon immer bestimmt war. Doch sie benötigt noch Zuwendung und Pflege, damit sie sich eines Tages öffnen und erblühen kann.

Dies ist eine Karte der Ermutigung, des Potenzials, der freudigen Erregung und der Hoffnung. Sie lädt dich ein, dich weiterhin deinem wahren Norden zuzuwenden und dich deiner wahren Berufung zu stellen, deiner Bestimmung zu folgen. Deine Bemühungen sind nicht unbemerkt geblieben. Halte durch - schon bald wirst du diese schöne Schöpfung in der Welt sehen können.

Die Knospe ist eng mit dem Frühling verbunden, jener Zeit, in der die aufsteigende Energie des Lebens durchbricht. Vielleicht siehst du jetzt die ersten Anzeichen dafür, dass sich die Dinge zu entwickeln beginnen. Wenn du an einem Projekt gearbeitet oder dich einer Veränderung in deinem Leben gewidmet hast, bist du aufgerufen, weiterzumachen und darauf zu vertrauen, dass das, was du angestrebt hast, auch geschehen wird. Deine Träume, deine Visionen können in Erfüllung gehen. Kümmere dich weiter um deinen Garten, und schon bald wird die Knospe beginnen, sich zu entfalten und zu blühen.

SEELENFRAGE

Welche neuen Knospen warten in dir darauf, endlich zu erblühen?

△

KOMM ZU MIR

Anziehend wie eine Rose. Empfangen. Fülle. Wünsche.

Ist dir schon einmal aufgefallen, dass im Sommer, wenn die Rosen in voller Blüte stehen und ihr Duft in der Luft hängt, urplötzlich Bienen und andere Bestäuber auftauchen? Die Befruchtung findet statt, sobald sich der Pollen einer Pflanze mit dem einer anderen vermischt oder von der Narbe einer Blüte auf die Narbe einer anderen übertragen wird.
Rosen laufen nicht überall hin und greifen nach den Blüten, sondern sie verlassen sich darauf, dass die Bienen zu ihnen kommen. Die Rose streckt sich auch nie nach der Biene.
Sie umarmt das, was sie ist, ist ganz und gar im Jetzt und lässt sich auf das Leben ein. Sie empfängt alles, was es ihr

bietet. Sie öffnet und verschließt sich unabhängig davon, wer vorbeikommt.
Bei dieser Karte geht es um das Empfangen von Fülle, so wie es eine Rose tun würde. Sie fordert dich auf, alles zu akzeptieren, mehr noch: zu umarmen, was ist, und dich auch für die Möglichkeit zu öffnen, das zu empfangen, wonach du dich in Wahrheit aus tiefstem Herzen sehnst. Dir darüber klar zu werden, was du dir wünschst. Darauf zu vertrauen, dass alles, was für dich bestimmt ist, zu dir kommen will. Sprich deine Wünsche laut aus und mach dich bereit, deine tiefsten Sehnsüchte zu erkennen. Mach dich bereit, um das zu bitten, was du dir wirklich wünschst. Greife nicht nach dem, was du dir wünschst, strebe nicht danach, kontrolliere oder manipuliere nicht – denn das wird dich erschöpfen, frustrieren und angreifbar machen. Diese Karte überbringt die Botschaft, dass nachhaltiger Reichtum in dein Leben treten wird. Sie ist eine Einladung, die Süße deines Lebens zu empfangen, die Großartigkeit dessen, was du bist. Verbinde dich mit deiner wahren, deiner sinnlichen Natur. Schäme dich nicht für das, was du dir wünschst. Und wenn es kommt, genieße jede Minute.

SEELENFRAGE

Was wünschst du dir wirklich?
Wofür bist du bereit, dich zu öffnen,
um es zu empfangen?
Was kannst du tun, um es wie eine Blume anzuziehen?

△

DIE KRÖNUNG

Einweihung. Schwellen. Geburt. Wiedergeburt.
Ein Platz an der Tafel.

Es kommt eine Zeit, in der die Blume weiß, dass sie nicht länger in der schützenden Enge der Knospe verweilen kann. Sie muss in gewisser Weise auf die gebärende Energie vertrauen und sich dem unbekannten Sein als Blüte hingeben. Die gleiche Energie existiert in der gesamten Natur und bei jeder Geburt, sowohl physisch als auch metaphorisch.

Es ist eine Initiation für die Mutter und für das Kind, das von dem Wasserreich des Schoßes in eine völlig neue Welt auf der Erde eintritt. Dies ist eine Karte des Überschreitens von Schwellen und des Durchschreitens der Tore der

Initiation, was großen Mut und Vertrauen erfordert. Der Übergang ist nicht immer einfach und wird von heftigen Kontraktionen begleitet. Wenn wir von einer Sache zur anderen überwechseln, sind wir aufgerufen, die Begrenzungen des Samens und die Sicherheit der Knospe zu durchbrechen, damit etwas Neues in uns erblühen kann.
Wir sind immer dabei, etwas zu erschaffen, und tief in unserem Inneren wissen wir, dass wir uns nur dann der Einweihung hingeben können, wenn wir uns der natürlichen Kraft in uns selbst überlassen. Diese Kraft ist zwar eine innere, aber sie ist gleichzeitig mit jener Intelligenz verbunden, die allem Leben zugrunde liegt. Es ist dieselbe Energie, die den Blumen sagt, wann sie blühen sollen, und sie war schon da, als du im Bauch deiner Mutter herangewachsen bist. Vertraue darauf. Sie wird dich leiten. Überlasse dich dem, was durch dich geboren werden will. Das Leben versucht immer, uns in noch mehr von dem, was wir wirklich sind, zu verwandeln.

SEELENFRAGE

Wie versucht das Leben dich zu initiieren, dich zu erwecken?

DIE LINIE DER ROSE

Von der Göttin berührt. Hier aus diesem Grunde.
Ruf der Seele. Versammelt euch.

In diesen Zeiten, genau in diesen sich verändernden, zwiespältigen Zeiten – hat sich deine Seele entschieden, hier zu sein. Du bist Teil eines kollektiven Teams, das von der Göttin, der Mutter von uns allen, angeführt wird, um den Faden der Rose wieder in den Wandteppich der Menschheit zu verweben. Um Räume zu schaffen, in denen sich alle wertgeschätzt und sicher fühlen. Damit sie von den zerstörerischen Mustern des Patriarchats geheilt werden können und gesunden. Um teilzuhaben an der Rückkehr der Göttin auf unserem Planeten Erde.

Wenn du an deinem Weg gezweifelt hast, bist du aufgerufen, nach innen zu schauen und dem Flüstern und Weben aus den Tiefen der Höhlen zu vertrauen. Der Weg der mystischen Rose wird nur von wenigen beschritten, und nur das Herz kennt ihn, nicht der Verstand. Versuch nicht zu viel zu denken, sondern vertraue auf die Fäden, die tief verwoben sind.
Diese Karte bestätigt deinen inneren Ruf und versichert dir, dass du nicht allein bist. Die Mutter von uns allen dankt dir dafür, dass du Teil dieser sich verändernden Zeiten für die gesamte Menschheit bist. Sie erkennt deine Hingabe an, dein Bestes zu tun, um dich und andere auf dem Weg zurück nach Hause zu unterstützen – zu sich selbst, zueinander und zur Erde. Sie möchte, dass du weißt, dass sie dir bei jedem Schritt deines Weges zur Seite steht. Sprich, singe und tanze mit ihr. Du wirst geführt. Du wirst geführt. Du wirst geführt.

SEELENFRAGE

Wie wirst du dazu aufgerufen, dich stärker für die Menschheit und die Erde zu engagieren?

MORGENTAU

Klarheit. Ein Neuanfang. Eine positive Aussicht.

Es gibt ihn, diesen einen besonderen Moment, wenn der Tag frisch und die Sonne noch jung ist, in dem auch wir die Möglichkeit bekommen, neu anzufangen. Der Morgentau begrüßt uns mit der Gnade eines wunderbaren Neubeginns, und wenn sich der Tau auf der Rose sammelt, lädt diese uns dazu ein, die Dinge klar zu sehen, manchmal auf eine völlig andere Weise als am Vortag. Unsere Perspektive hat sich plötzlich verändert.

Heiler*innen aus allen Ländern der Erde glauben fest an die enorme Heilkraft des Morgentaus. Sie sind davon überzeugt, dass er die gleichen heilsamen Eigenschaften besitzt wie die Pflanzen selbst, da der Tau deren Essenz in klarer Potenz einfängt. Praktiken wie das Barfußlaufen auf dem Morgentau, das Trinken von Blütenblättern und das Einreiben des Körpers mit ihm sollen eine starke Aktivierung der Selbstheilungskräfte bewirken.

Wenn wir das Glück haben, dem Morgen auf diese Weise zu begegnen, können auch wir mit dieser besonderen Heilflüssigkeit gesegnet werden, die die geheime Essenz der Erde und des gesamten Universums in sich trägt: dem Morgentau.

Diese Karte verkündet die Botschaft, dass wir bald Klarheit gewinnen werden. Ein Neuanfang und ein Perspektivwechsel sind möglich. Veränderungen sind im Gang. Die Zukunft sieht positiv, hoffnungsvoll und hell aus. Konzentriere dich weiterhin auf dein gewünschtes Ergebnis und vertraue auf die Gegenwart des kraftvollen Morgentaus.

ROSEN-ÜBERTRAGUNG

Ich bin bereit, die kraftvolle Klarheit und die positiven Veränderungen des Morgentaus zu empfangen.

Ich bin offen dafür, diese Situation mit neuen Augen zu sehen.

MUTTER ROSE

Wieder zueinander finden. Mitgefühl. Menschlichkeit.

Als heiliges Symbol des Weiblichen existiert die Rose schon viel länger als wir. In alten Zeiten wurden Rosengirlanden um Statuen von Mutter-Göttinnen gelegt, um diese zu ehren. Wir sind alle ihre Kinder. Sie verbindet und eint uns miteinander. Wenn wir ihre Wurzeln nur weit genug zurückverfolgen, finden vielleicht auch wir zueinander zurück.

Wir leben in einer Zeit der großen Spaltung, einer Zeit des Lernens und wieder Verlernens. Wir flicken gemeinsam den Faden der Menschheit. Dies ist eine Karte der Rückkehr zur Einheit, indem wir uns dem zuwenden, was zerbrochen, getrennt und zerschnitten wurde. Wir müssen verstehen, dass wir alle Menschen sind und dass uns zwar Schaden zugefügt wurde, wir aber dennoch akzeptieren sollten, was geschehen ist, und uns darum bemühen, einen Weg zu finden, zueinander zu finden. Zu erkennen, dass es möglich ist, dass zwei Menschen zur gleichen Zeit unterschiedliche Erfahrungen machen und beide dennoch wahrhaftig sein können.

Mutter Rose sehnt sich danach, dass die Menschheit ihre Schutzmechanismen fallen lässt und wir einander mit großer Ehrlichkeit und mehr Mitgefühl begegnen. Dass wir uns der Traurigkeit, der Wut und dem Schmerz in unseren Herzen stellen und sie mit Hilfe ihrer Gnade auflösen. Wir müssen tief bis zu den gemeinsamen Wurzeln vordringen, bis wir eine gemeinsame Basis finden.

Welche Beziehungen sind jetzt problematisch für dich? Wer hat dich verletzt? Wie kannst du weich werden und deine Wahrheit verkünden, ohne dich zu verteidigen? Wie kannst du dich für die Möglichkeit öffnen, dass zwei Wahrheiten gleichzeitig existieren können?

ROSEN-ÜBERTRAGUNG

Mutter Rose. Bitte zeige uns, wie wir zu dir,
der Erde und zueinander zurückfinden können.

Bitte hilf mir, das anzuerkennen,
was für mich so schwer ist,
und möge mein Herz mit Mitgefühl für alle erfüllt sein.

△

DIE MYSTISCHE ROSE

Barmherzigkeit. Hingabe. Demut.
Menschlichkeit. Gnade.

Die Rose war ein Symbol der alten Göttinnen, und so ist es kein Wunder, dass die Mutter-Göttin Maria mit ihr in Verbindung gebracht wurde, als das Christentum große Teile der einheimischen keltischen Traditionen in Europa vereinnahmte. Vielleicht ist Maria deshalb so beliebt, weil sie die einzige Mutter-Göttin war, die gefahrlos angebetet werden durfte und als solche die Verehrung und Sehnsucht all derer in sich trägt, die sich danach verzehrten, die Göttin in einer weiblichen Form zu ehren.

Marias Verbindung mit der Rose zeigt sich in einigen ihrer Titel, darunter Rosa Mystica (die mystische Rose) sowie die Rose ohne Dornen. Wie schon bei den heidnischen Göttinnen vor ihr wurden auch bei den Prozessionen zu Ehren Marias Rosenblütenblätter verwendet. Die Kirche veränderte die Geschichten vergangener Göttinnen – auch jene, in denen Rosen eine Rolle spielten, wie etwa die der Aphrodite, die die weiße Rose mit ihrem Blut rot färbte – und ersetzte sie durch Maria. Überall in Europa und darüber hinaus wurden Kirchen errichtet, oftmals auf Plätzen von keltischen Tempeln und Orten der Götterverehrung. Viele haben wunderschöne Rosenfenster auf der westlichen Seite – der Ausrichtung des Weiblichen – als Widmung an Maria, unsere Mutter der Rose.

Dies ist eine Karte der Barmherzigkeit, der Hingabe und der Gnade. Sie ermutigt uns, der Gesellschaft gegenüber mitfühlender zu werden und uns zu bemühen, die Welt und sogar diejenigen, die uns verletzt haben, mit Verständnis, einem offenen Herzen und tiefer Demut zu betrachten. Zu erkennen, dass wir alle verletzt und verwundet sind. Wir alle haben Trennungen durchlitten. Mutter Maria lädt dich ein, dein Herz für die Menschheit zu öffnen, wenn du dich am liebsten verschließen würdest.

SEELENFRAGE

Wie kannst du heute Mitgefühl zu zeigen?

NACH DEM REGEN

Der Silberstreifen. Erleichterung. Hoffnung. Gnade.
Es ist vorbei. Akzeptanz.

Dieser einzigartige Moment, in dem es aufhört zu regnen, hat etwas ganz Besonderes. Etwas Heiliges. Die Atmosphäre ist von Sand- und Staubpartikel befreit – die Erde wurde gereinigt und genährt. Das Ganze ähnelt ein wenig dem Augenblick, wenn wir aufhören zu weinen. Solange die salzigen, heilenden Tränen fließen, werden Oxytocin und Endorphine ausgeschüttet, die eine Veränderung unserer Gefühle bewirken. Was vorher überwältigend war, scheint nun möglich. Und obwohl wir es vielleicht noch nicht bewusst wahrnehmen, wird sich schon bald ein spürbares Wachstum einstellen.

Bei dieser Karte geht es um Hoffnung, Heilung Neuanfang und Abschied. Emotionen werden ausgelebt, der Seelenschmerz wird gelindert. Gebrochene Herzen können heilen. Die Zeit der Prüfung ist vorbei. Gnade ist spürbar. Da ist dieser kostbare Moment der Erleichterung. Eine Last scheint von uns abzufallen. Ein neuer, ermutigender Silberstreifen ist nun in der Ferne erkennbar. Was herausfordernd, kräftezehrend und schwierig war, wird nun leichter, die Situation ist dabei, sich zu klären.

Wenn du eine harte Zeit durchlebt hast, dann will dir diese Karte Mut machen und dir sagen, dass die Dinge sich bald entspannen werden. Du hast das Schlimmste hinter dir, jetzt gibt es Hoffnung. Die letzten Wochen, Monate oder vielleicht sogar Jahre waren nicht gerade einfach. Sie haben dir wahrscheinlich einiges abverlangt und dich auf eine harte Probe gestellt, aber jetzt, endlich haben sich die Wogen geglättet. Alles, was du gelernt hast und woran du gewachsen bist, kann dir nie wieder genommen werden. Und nun ist es an der Zeit, die Wärme der Segnungen zu genießen, die das Leben für dich bereithält. Fantastische Neuanfänge sind jetzt möglich.

SEELENFRAGE

Was bist du bereit loszulassen?

△

DIE ÖDNIS

Nachhaltigkeit. Entschleunigung.
Kümmere dich um deine eigenen Angelegenheiten.

In einer anonymen französischen Überlieferung aus dem 13. Jahrhundert, einem Gedicht mit dem Titel „Die Aufklärung", wird die Geschichte eines Königs erzählt, der das Land missbraucht, über das er eigentlich wachen sollte. Der König bricht das Vertrauen der Quellenmädchen – jener Geister, die die Brunnen des Landes bewachen – und diese fliehen. Das Wasser versiegt, die Pflanzen verwelken und die Region, die einst reich und fruchtbar war, wird unwirtlich und zu einem Ödland.

Dies ist die kraftvollste Karte in diesem Deck. Sie ist ein Weckruf, unser zerstörerisches Verhalten endlich zu beenden. Ein Verhalten, das dazu führt, dass wir langsam zerbrechen und nicht mehr in der Lage sind, auf eine nachhaltige Weise zu leben. Diese Karte erinnert uns daran: Die heilige Weiblichkeit ist in Hülle und Fülle vorhanden und SIE weiß, dass die Erde uns ausreichend mit allem versorgen kann, was wir wirklich brauchen. SIE hat es nicht nötig, sich mehr zu nehmen, als SIE braucht. SIE kümmert sich um IHRE äußere Welt und um die Welt in IHREM Inneren. SIE ist die Hüterin des Gleichgewichts und die Beschützerin aller Lebensformen.

Die Rose hat Zivilisationen kommen und gehen sehen. Reiche sind aufgestiegen und untergegangen. Diese Karte überbringt uns die dringende Botschaft, das Tempo zu drosseln und alle Verhaltensweisen zu beenden, die nicht nachhaltig sind. Wir sollen alles loslassen, was uns schwächt und zerstört. Sie fordert uns auf, unseren Garten, unseren Körper und die Welt um uns herum zu pflegen und zu schützen.

SEELENFRAGE

Welche Verhaltensweisen sind für dich nicht länger tragfähig? Wie kannst du nachhaltiger leben?

DIE ROSE DER VENUS

Ausrichten. Wahrhaftige Beziehung. Harmonie.

Bei der Fibonacci-Folge handelt es sich um eine unendliche Reihe von Zahlen, bei der sich die jeweils folgende Zahl durch Addition ihrer beiden vorherigen Zahlen ergibt. Sie steht in einem unmittelbaren Zusammenhang zum Goldenen Schnitt. Und die Blütenblätter einer Rose entsprechen wiederum diesem Goldenen Schnitt, wobei jedes neue Blütenblatt in den Zwischenräumen des vorherigen wächst. Vielleicht ist das der Grund, warum wir uns wie verwandelt fühlen, wenn wir in die Spirale einer Rose blicken.

Die ursprüngliche Rose sah ganz anders aus als die, die wir heute züchten. Sie besaß fünf Blütenblätter. Das ist sehr interessant, denn wenn wir die Bewegungen des Planeten Venus auf seiner Umlaufbahn um die Sonne über einen Zeitraum von acht Jahren verfolgen, erkennen wir, dass sie ein fünfblättriges Rosenmuster erzeugen, das als Venusrose bezeichnet wird. Venus ist die römische Göttin der Liebe, des Sex und der Fruchtbarkeit – und ihr Symbol ist die Rose. Vielleicht wussten unsere Vorfahren mehr über die Zusammenhänge des Universums und des Lebens, als wir glauben.

Es gibt eine heilige Ordnung für alle Dinge. Die Natur enthält die Codes des Lebens und da du ein Teil der Natur bist, gilt das auch für dich. Es gibt eine intelligente Kraft, die alles steuert. Es ist die gleiche Kraft, die den Blumen sagt, wann sie blühen oder wie die Planeten sich drehen sollen. Und sie existiert auch in dir. Unsere Neigung, zu viel zu analysieren und zu viel zu denken, kann uns daran hindern, in Einklang mit der Natur und damit dem Leben zu sein. Das gilt auch für unseren Widerstand gegenüber Veränderungen.

Diese Karte ist eine Einladung, alles anzuschauen, was sich nicht mehr stimmig anfühlt. Sie erinnert dich daran, auf das Gewebe deines Lebens zu vertrauen, auf deine sich ständig verändernde Natur. Und darauf zu achten, ein Leben, tief in Einklang mit der Natur und allem, was ist, zu führen.

SEELENFRAGE

In welchen Bereichen lebst du nicht mehr in Einklang mit deiner wahren Berufung?

△

ROSE OHNE DORNEN

Du hast ein Anrecht auf deine Freude. Frieden.
Die Süße des Lebens.

Die meisten Rosen haben Dornen, die die Pflanze schützen. Wenn du an ihnen vorbeigehst, bleibt du leicht an ihren stacheligen Stielen hängen. Als ob die Dornen selbst eine Einladung für den Betrachter sind, um sich bewusst der atemberaubenden Schönheit und dem betörenden Duft der Königin aller Blumen zu nähern.

Es gibt jedoch eine kleine Anzahl von Rosen, die nur wenige oder gar keine Dornen haben, und genau darum geht es bei dieser Karte. Die Rose ohne Dornen ist eine Einladung, direkt in die Welt der Rosen, in die Süße deines Seins einzutauchen. Eingehüllt von Zartheit zu

entspannen. Erfreue dich an ihrem köstlichen Duft, ruhe dich aus und genieße, was es bedeutet, in diesem Körper zu leben. Umarme all die Schönheit und Glückseligkeit, die das Leben zu bieten hat.
Du hast ein Anrecht auf deine Freude und die Rose ohne Dornen möchte, dass du jetzt jedes einzelne Quäntchen davon in dich aufnimmst. Feiere und verliere dich in der Süße deines Lebens. Dies ist einer der seltenen Momente des tiefen Friedens und des Wohlbefindens. Du bist dazu aufgerufen, von allem zu probieren, was das Leben dir zu bieten hat. Nimm alles in dich auf. Du hast dir jeden Tropfen verdient. Du hast auf diesen Augenblick hingearbeitet. Empfange ihn jetzt mit offenen Armen. Es ist sicher für dich, das alles zu feiern. Es willkommen zu heißen. All das zu verinnerlichen. Das Leben verändert sich ständig und lädt uns ein, uns weiterzuentwickeln, aber im Moment ist es deine Lektion, in der Freude an allem zu verweilen.

ROSEN-ÜBERTRAGUNG

Ich habe ein Anrecht auf Freude und Glück.
Ich schätze und trinke den süßen Nektar meines Seins.

DER ROSENGARTEN

Unschuld. Vergebung. Sei sanft zu dir selbst.

Du bist ein heiliges Wesen und vollkommen. Du bist unschuldig und von Natur aus gut. Du bist hier herzlich willkommen. Du wurdest nie aus dem Garten vertrieben. Keiner von uns hat das getan. Diese Karte überbringt eine Botschaft des Willkommen-Seins. Wir sollen zu unserer Unschuld zurückkehren.

Wenn du das Gefühl hast, etwas Falsches getan zu haben, ohne zu wissen, was das eigentlich war, wenn du dich schämst, weil du jemanden verletzt hast, wenn es dir schwerfällt, dir selbst zu verzeihen, dann ruft dich diese Karte sanft dazu auf, Scham, Verurteilung oder negative Gefühle loszulassen. Tu, was du tun musst, um loszulassen und Wiedergutmachung zu leisten. Erinnere dich daran, dass du ein Mensch bist. Und als solcher bist du hier, um zu lernen und zu wachsen. Genau wie alle anderen auch.

Du bist nicht gebrochen. Das warst du nie. Du befindest dich in einem Entwicklungsprozess. Das gilt für uns alle. Du lernst und verlernst. Das tun wir alle. Sei freundlich zu dir selbst und sei im Gegenzug freundlich zu anderen. Finde zurück zu deiner Humanität. Deinem Menschsein. Erinnere dich daran, dass du nie perfekt warst und dass es im Leben nicht um Perfektion geht. Wachse und lerne – aber tu es sanft. Du trägst das Gute in dir. Erinnere dich daran. Wertschätze es. Und würdige es auch in anderen.

Wir alle tun unser Bestes. Und wenn wir etwas lernen, können wir uns entscheiden, etwas Neues zu schaffen. Verpflichte dich, jeden Tag zu lernen und immer besser zu werden. Das ist es, was es bedeutet, ein Mensch zu sein. Unser wahres Sein anzunehmen. Ohne Menschlichkeit verleugnen wir den Schatten, und nur wenn wir uns dem Schatten uneingeschränkt stellen, können wir lernen und wachsen. Akzeptiere dich selbst, nimm dich vorbehaltlos an und es wird dir leichter fallen, andere und die ganze Welt zu umarmen.

SEELENFRAGE

Wie kannst du liebevoller mit dir selbst umgehen?

DER ROTE FADEN DER ROSE

Innerer Ruf. Seelenführung. Das Mystische. Mutig leben.

Dies ist die Karte der Mystik. Eine Karte für diejenigen, die sich dem Geheimnisvollen verschrieben haben. Für Menschen, die auf ihre innere Stimme hören, die ihrer Intuition folgen, und die sich vom roten Faden der Rose leiten lassen. Und das bedeutet: Sie gehen voller Hingabe den Weg der Rose, um der Menschheit zu dienen und sich dem Schreiben einer neuen Geschichte zu verpflichten. Es erfordert Mut und Vertrauen sowie die Bereitschaft, einen anderen Weg zu beschreiten.

Die Rose ist seit Tausenden von Jahren ein Symbol für die Mysterien. Der Rosenfaden ist der unsichtbare Pfad, dem Mystiker folgen. Es verlangt Mut, ihm zu vertrauen, denn der Weg ist für jeden einzelnen Menschen anders. Es erfordert Mut, deinem inneren Ruf, deiner Intuition zu vertrauen. Und diejenigen, denen das gelingt, werden reich belohnt.

Diese Karte zeigt, dass du dazu berufen bist, diesen Initiationsweg einzuschlagen, geführt von dem roten Faden der Rose tief in deinem Inneren. Vielleicht befindest du dich an einem Ort großer Veränderungen und wirst aufgerufen, Vertrauen zu haben und dir ein Herz zu fassen, für deinen nächsten großen Schritt. Versteh diese Karte als ein Zeichen der Ermunterung, immer wieder den nächsten Schritt zu wagen. Sie erkennt den Mut an, den es braucht, um ein von der Seele geleitetes Leben zu führen, und ehrt dich dafür, dass du immer wieder couragiert den entscheidenden Sprung wagst.

ROSEN-ÜBERTRAGUNG

Auch wenn sich die Dinge unklar anfühlen
– vor allem, wenn sie es tun –
vertraue ich darauf,
dass ich stets von meiner inneren Weisheit geführt werde.

△

DIE RÜCKKEHR

Eine neue Geschichte. Du entscheidest. Ausrichtung.
Alles fügt sich.

Du hast geduldig auf diesen Moment gewartet. Wahrscheinlich hast du schon lange Zeit an deinem inneren Wachstum gearbeitet, und jetzt kommt auch das Äußere in eine gesunde Balance. Als Wesen, die sich verändern, befinden wir uns in einem nie endenden Wachstumszyklus. Das bedeutet nicht, dass wir ständig in unserer Blüte stehen. Nein: Es bedeutet vielmehr, dass wir uns ständig verändern. Diese Karte ist wie die Blüte, aber sie steht noch für so viel mehr. Denn sie kündigt das Kommen und Gehen einer vollkommen neuen Art des Seins an. Eine völlig neue Geschichte wird geschrieben.

Diese Karte weist auf eine große bevorstehende Veränderung in deinem Leben hin. All dies erfordert oft Zeit. Manchmal braucht es sogar ein ganzes Leben. Erkenne an, wie weit du schon gekommen und wie sehr du gewachsen bist. Du bist ein Teil des Wandels – und das gilt nicht nur für dein eigenes Leben, sondern auch für die Welt. Nimm dir einen Moment Zeit, um das zu verarbeiten. Du bist zwar nur ein Wesen von vielen, aber deine Anwesenheit ist von großer Bedeutung. Du bist ein Blütenblatt in der Rose einer neuen Menschheit. Ein Teil der immerwährenden Entfaltung.

Die Dinge richten sich für dich und um dich herum neu aus. Sie treffen sich und kommen zusammen. Du bist zur richtigen Zeit am richtigen Ort. Deine äußere Welt stimmt mit deiner inneren Welt überein. Diese Karte verkündet die Botschaft der Harmonie, des Zusammenfindens und der Verkörperung einer klaren Vision, die du seit vielen Jahren verfolgst.

Du hast die Vorarbeit geleistet, um genau diesen Moment zu erleben. Vielleicht über Monate, Jahre oder sogar dein ganzes Leben lang. Nutze diesen Augenblick. Du kannst entscheiden, was als Nächstes passiert.

ROSEN-ÜBERTRAGUNG

Ich erkenne an, wie weit ich gekommen bin
und wie stark ich gewachsen bin.

Ich selbst entscheide, was als Nächstes passiert.

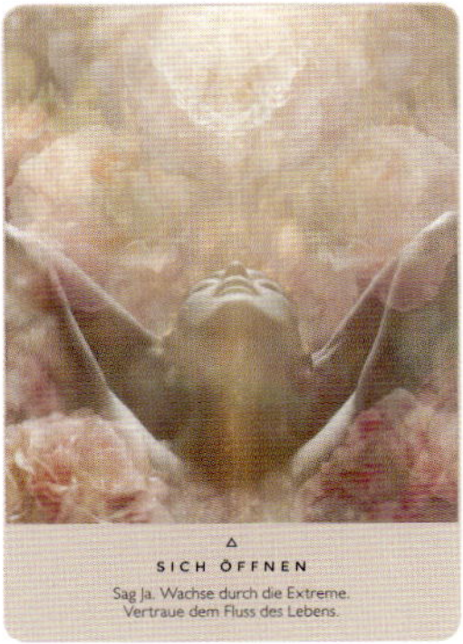

△

SICH ÖFFNEN

Sag Ja. Wachse durch die Extreme.
Vertraue dem Fluss des Lebens.

Dies ist wahrscheinlich eine der größten Herausforderungen des Lebens: dein Herz in extremen Situationen offen zu halten. Niemand ist gegen die Höhen und Tiefen der menschlichen Existenz gefeit. Von der Ekstase bis zur Agonie, von der Freude bis zur Trauer, von der Liebe bis zum Verlust. Wir können die schwierigen Seiten des Menschseins nicht vermeiden, wenn wir die Glückseligkeit wahrhaftig erleben wollen. Und wenn du dein Herz vor der Trauer verschließt, kannst du auch die Freude nicht richtig erleben.

Die Rose lehrt uns das, Saison für Saison. Sie weiß, dass sie im Sommer nicht blühen kann, wenn sie sich nicht den Jahreszeiten hingibt. Auch die Geburt lehrt uns das. Je sicherer sich die Mutter dabei fühlt, desto leichter kann sie sich öffnen.

Mit geöffnetem Herzen zu leben und zu sterben ist wahrhaftig ein mutiger Akt, denn ein gut gelebtes Leben ist reich an Verlusten und Tragödien, aber auch an großer Liebe, an Erfolgen und Abenteuern. Wenn wir schwierige Zeiten durchmachen und uns am liebsten abgrenzen würden, liegt die Heilung oft in der Verbindung und nicht in der Trennung. Wenn wir unser Herz verschließen und uns abkapseln, weil der Schmerz zu groß ist, fühlen wir uns oft noch mehr separiert als zuvor. Die Rose zeigt uns, wie wir uns für die Welt öffnen können, egal, was der Tag bringt.

Diese Karte soll dich ermutigen, Ja zu dem zu sagen, was ist, dich in Extremsituationen weiterzuentwickeln und mit beiden Beinen fest im Leben zu stehen.

SEELENFRAGE

Wie kannst du „Ja" zum Leben sagen?

△

DIE SONNE

Freude. Vergnügen. Lebenskraft. Erfolg.
Vitalität. Spiel.

Im Sommer, wenn die Sonne am höchsten Punkt des Himmels steht, ist die Rose am schönsten. Ihr Duft ist süß, und die Früchte kommen erst später. In diesem Orakel steht die Sonne für Lebenskraft, Vitalität, Zuversicht, Erfolg, Optimismus, Freude und Lebenslust. Nachdem sie die fruchtbare Dunkelheit des Bodens verlassen hat, streckt sich die zukünftige Rose dem Licht der Sonne entgegen, die wiederum ihren Teil dazu beiträgt, die Blume zu nähren, während diese nach ihrer zukünftigen Blüte strebt. Und all das tut die Sonne auch für uns.

Eine der größten Segnungen des Lebens ist es, ihre Wärme auf unserem Gesicht zu spüren. Diesen goldenen Nektar zu trinken, den das Leben für uns bereithält, und uns einen Moment Zeit zu nehmen, um uns darin zu sonnen. Dies ist deine Einladung. Erfreu dich an deiner Lebendigkeit. Feiere deine Lebensfreude. Genieße die einfachen Dinge des Seins. Nimm dir Zeit zum Spielen. Sei dankbar für deinen Körper. Erkenne die wunderbare Energie an, die dein ganzes Leben durchdringt. Erinnere dich daran, dass deine Seele einst einen Traum hatte – dein Leben ist dieser wahrgewordene Traum.

Dies ist eine wunderbare Karte, die eine Zeit der Leichtigkeit, der Verzückung und Glückseligkeit ankündigt.

Die Sonne kann auch für das Innere Kind stehen und eine Einladung sein, Spaß zu haben. Hast du in letzter Zeit nur gearbeitet und nicht gespielt? Sehnt sich dein Inneres Kind danach, frei zu sein? Was kannst du tun, um die einfachen Dinge des Lebens zu genießen? Wenn wir uns den Raum zum Spielen gönnen, finden sich Lösungen für Probleme, die vorher unlösbar schienen.

SEELENFRAGE

Wie kannst du dein Leben mehr genießen?
Was kannst du nur so zum Spaß tun?

SOPHIA

Göttlicher Plan. Weisheit. Innere Einsicht.
Bestimmung.

Sophia kommt aus dem Griechischen und bedeutet Weisheit. Es wird angenommen, dass es sich bei Sophia um eine mächtige Wesenheit handelt, die zur Zeit der Schöpfung anwesend war und oft als Frau abgebildet wird. Das stellt unser patriarchalisches Verständnis von einem alleinigen männlichen Gott, der für die Schöpfung verantwortlich ist, auf den Kopf. Im Buch der Sprüche in der Bibel sagt Sophia: „Der HERR hat mich schon gehabt im Anfang seiner Wege, ehe er etwas schuf, von Anbeginn her. Ich bin eingesetzt von Ewigkeit her, im Anfang, ehe die Erde war." Viele Gelehrte und Kunsthistoriker glauben, dass die weibliche Figur neben Gott in Michelangelos Sixtinischer Kapelle eine Darstellung von Sophia ist. Der Philosoph Rudolph Steiner vertrat die Ansicht, dass die altägyptische Muttergöttin Isis eine Inkarnation von ihr war.

Die Galaxie, die sich mit der Spirale der Rose auf dieser Karte überschneidet, ist eine mystische Darstellung von Sophia als Trägerin des göttlichen Plans. Die Intelligenz, die der Rose sagt, wann sie sich öffnen, und dem Planeten, wie er sich drehen soll, existiert auch in dir. Diese Karte enthält die Botschaft, jener Intelligenz zu vertrauen, die dich hierhergebracht hat. Vertrau darauf, dass die Blaupause deines Schicksals bereits vorliegt. Welche geheimen Träume hast du? Wozu bist du aufgerufen, Ja zu sagen? Was möchtest du erschaffen?

Sophia umarmt den Kosmos. Sie hält die Blaupause der Schöpfung in Händen. Keine Menschenseele und kein Teil der Welt werden ausgelassen. Rufe sie an, um dich zu leiten. Vertraue auf jene Intelligenz, die in deinen Zellen existiert. Vertraue darauf, dass du weißt, was zu tun ist. Vertraue auf den göttlichen Plan in dir. Erlaube den Samen deines Schicksals, dich zu führen.

ROSEN-ÜBERTRAGUNG

Ich vertraue auf den göttlichen Plan. Ich aktiviere die Intelligenz in meinen Zellen, öffne mich meiner wahren Bestimmung und handle jetzt.

△

SUB ROSA – VERTRAULICH

Verborgen und doch sichtbar für alle. Große Mysterien.
Lernen und Lehren.

Die Rose ist seit Jahrtausenden ein Symbol der Geheimhaltung. Die alten Römer trugen zu besonderen Anlässen Rosengirlanden und wenn diese über wichtigen Treffpunkten aufgehängt wurden, galten die Gespräche, die darunter stattfanden, als sub rosa, als „unter der Rose". Und man ging davon aus, dass Dinge, die „unter der Rose" gesagt wurden, geheim gehalten und nicht weitergegeben werden durften. Es gibt auch ein Bild des altägyptischen Gottes Horus, der mit einer Rose sitzt und seinen Finger an die Lippen hält, um das Schweigen über die tiefsten Geheimnisse zu symbolisieren.

Der Ausdruck sub rosa hat seinen Ursprung möglicherweise im antiken Griechenland, wo 477 v. Chr. eine geheime Verhandlung in einem Gebäude stattfand, das an den Tempel der Minerva angebaut war (auf dieser Karte zu sehen). Auf dem Dach des Gebäudes befand sich ein Rosengarten, daher sub rosa. Eine weitere, etwas andere Theorie über den Ursprung des Ausdrucks, geht auf Eros zurück, der Harpokrates, den griechischen Gott der Geheimhaltung, mit einer Rose bestochen haben soll, um ihn zum Schweigen über die Belange der Götter zu bewegen.

Diese Karte steht für die großen Mysterien, die darauf warten, von uns aufgedeckt und im Gedächtnis gespeichert zu werden. Geheimnisse, die darauf warten, gelüftet zu werden, Lehren, die deine Seele bereit ist zu lernen. Schau über das hinaus, was deine Augen sehen können, und suche ein bisschen tiefer. Du bist hier, um verlorene Weisheiten, alte Geheimnisse und tiefe Mysterien zu entdecken. Bist du dazu berufen, die alten Geheimlehren zu studieren, die bedeutenden Lebensfragen zu meistern und in deine Rolle als Lehrer*in, Führer*in oder Mystiker*in zu schlüpfen? Bist du dazu berufen, Dinge in Frage zu stellen und verborgene Wahrheiten ans Licht zu bringen?

SEELENFRAGE

Was sollst du erforschen, was herausfinden oder worüber sollst du mehr erfahren?

△

TEMPEL DER ROSE

Uralte Kraft. Ausdruck. Aktivierung.
Scharlachrote Codes.

Uralte Kraft. Ausdruck. Aktivierung. Scharlachrote Codes. Jahrtausendelang wurden weibliche Kraft, Ausdruck und Weisheit unterdrückt. Infolgedessen wurde das Weibliche zum Schweigen gebracht, missachtet und nicht respektiert. Wir haben uns von der Erde (der Mutter) abgekoppelt und haben aufgehört, unsere Ältesten zu verehren. Aber die Zeiten haben sich endlich geändert – und wir alle sind Teil dieser Veränderung.

Jedes Mal, wenn wir unseren Körper ehren, unsere Weisheit zum Ausdruck bringen, unsere Stimme teilen und uns mit unserer Sinnlichkeit verbinden, heilen wir den heiligen

Faden des Weiblichen. Jedes Mal, wenn wir unsere Kraft zurückholen, heilen wir den heiligen Faden des Weiblichen. Jedes Mal, wenn wir im Kreis zusammenkommen, heilen wir den heiligen Faden des Weiblichen. Jedes Mal, wenn wir unsere Zyklen und die Zyklen der Natur ehren, heilen wir den heiligen Faden des Weiblichen.

Unabhängig davon, mit welchem Geschlecht du dich identifizierst (wenn überhaupt), ist dies eine Karte, mit der du deine Macht zurückfordern kannst. Es ist eine Karte, mit der du deine Wahrheit zum Ausdruck bringst, ganz gleich, wie diese aussehen mag. Es ist eine Karte, mit der du die Stimme deiner Seele wahrnimmst und das Lied singst, für das du in die Welt gekommen bist.

Dies ist eine Karte der Aktivierung. Sie ist ein Aufruf zum Handeln. Und sie ist eine Erinnerung. Du bist das Kind der alten Göttin. Indem du dich selbst verwirklichst, tust du dies für alle, die es nicht können. Indem du deine Macht zurückeroberst, tust du dies für all diejenigen, die es nicht können. Mit jeder Fessel, die du durchbrichst, befreist du die, die noch kommen werden.

Teile deine Stimme, singe dein Lied, tanze deinen Tanz, fordere deine Macht zurück. Dafür bist du schließlich hergekommen.

SEELENFRAGE

Wie wirst du dazu aufgerufen, deine Macht zurückzufordern, deine Wahrheit zu leben oder die zyklische Natur in dir zu ehren?

VERTRAUE DEN JAHRESZEITEN

Begrüße den Wandel. Die Zyklen des Lebens.
Übergang. Wachstum.

Unsere Abkopplung von der Erde und ihren Jahreszeiten lässt uns glauben, dass wir das ganze Jahr über in voller Blüte stehen sollten. Dass wir wachsen, wachsen, wachsen sollten, ohne uns den Raum zum Zurückschneiden zu lassen. Wenn wir uns auf die nicht enden wollende Blüte konzentrieren, vergessen wir die Bedeutung aller anderen Lebensphasen.

Die Rose, wie die ganze Natur, lehrt uns das jeden Tag. Sie zeigt uns immer wieder aufs Neue, wie wir die sich ständig verändernden Jahreszeiten in einer sich ständig verändernden Welt annehmen können.

Wir sind nicht dazu bestimmt, ewig die Gleichen zu bleiben. Beziehungen sind nicht dazu bestimmt, immer gleich zu bleiben. Das Leben ist nicht dazu bestimmt, gleich zu bleiben. Nichts auf diesem Planeten ist dazu bestimmt, gleich zu bleiben. Die Jahreszeiten lehren uns das. Nacht und Tag lehren uns das. Die Zeit und das Alter lehren uns das. Geburt und Tod lehren uns das. Wir können an einen Ort oder zu einer Person zurückkehren, aber die Dinge werden nicht genau so sein, wie sie einmal waren, denn alles und jeder verändert sich fortwährend. Nichts ist unveränderlich.

Je mehr wir versuchen, die Dinge zu kontrollieren und sie so zu erhalten, wie sie immer waren, desto weiter entfernen wir uns vom Fluss des Lebens und von uns selbst. Veränderung kann beängstigend sein, denn sie bedeutet, sich dem Ungewissen des Übergangs hinzugeben. Nicht der Mensch zu sein, der du bisher gewesen bist, und auch noch nicht ganz der, der du einmal sein wirst. Es erfordert Vertrauen in den Prozess der Transformation. Vertrauen in den Tod, damit die Wiedergeburt stattfinden kann. Und eine tiefe Wertschätzung für alle Jahreszeiten in unserem Leben. Je mehr wir uns dem Wandel widersetzen, desto weiter sind wir von der Person entfernt, die wir werden wollen. Indem wir den Wandel umarmen, umarmen wir das Leben und die Natur. Dann sind wir für immer im Werden begriffen.

SEELENFRAGE

Wie kannst du die wechselnden Jahreszeiten deines Lebens annehmen?

△

VERWURZELE DICH HIER

Vernetzung. Verkörperung. Geerdetes Handeln.

Lade deine Seele ein, sich völlig zu öffnen. Von deinen Knien bis zu deiner Nase, von deinen Wangen bis zu deinen Zehen. Gib dich dem Leben vollkommen hin. Lass die Schutzmauern fallen. Lass deine Seele ankommen und jede einzelne Zelle einnehmen. Verankere alle Teile von dir im Hier und Jetzt. Das Leben ist immer da, selbst wenn der Tod naht. Eine Geburt ist ohne ihn nicht möglich. Und du bist hierhergekommen, um diese Welt neu zu erschaffen. Erinnerst du dich nicht mehr daran? Entscheide dich dafür, dieses Leben aus vollem Herzen zu leben.

Dies ist die Karte für diejenigen, die sich verpflichtet haben, die Brücke zwischen Himmel und Erde zu sein. Die

Karte für die verkörperten Mystiker. Du weißt, dass du weder den Himmel noch die Erde aufgeben musst – du bist vielmehr ein*e Weber*in der Welten. Du bist hier, um die Bedürfnisse deiner Seele mit jedem neuen Tag mehr und mehr zu verwirklichen. Du bist hier, um das Heilige wieder in deinen Alltag zu weben.

Diese Karte ist eine Einladung, dich intensiver auf dein Leben als Seele einzulassen, die eine menschliche Erfahrung macht. Sie lädt deine Seele ein, Wurzeln zu schlagen, die tief reichen, damit du hochwachsen kannst. Bekenne dich zu deiner Menschlichkeit und gleichzeitig zu deiner Entwicklung.

Die Rose lädt uns dazu ein, alle Stadien des Lebens auf der Erde zu begrüßen. Von den Knospen bis zur Blüte, vom Rückschnitt bis zur Frucht. Ihre Schönheit und ihr betörender Duft sind eine himmlische Botschaft. Eine nektarreiche Belohnung für unser Sein. Die Rose erinnert uns daran, dass wir uns einen Augenblick Zeit nehmen sollten, um die Süße angemessen zu genießen und dass der Himmel wirklich ein Ort auf der Erde sein kann.

SEELENFRAGE

Wie kannst du dich mehr für dein Leben engagieren?

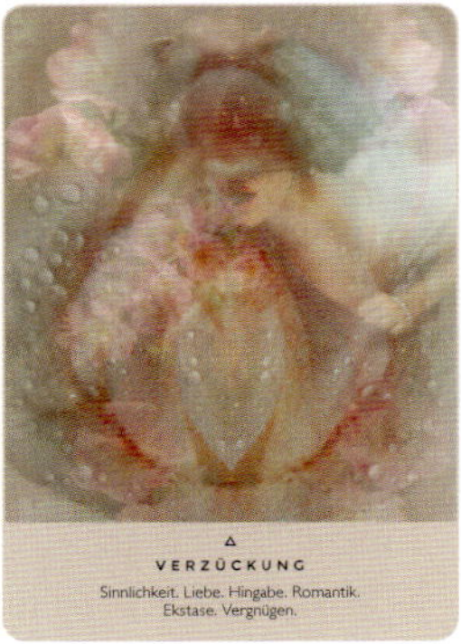

VERZÜCKUNG

Sinnlichkeit. Liebe. Hingabe. Romantik.
Ekstase. Vergnügen.

Flora ist die antike römische Göttin des Frühlings und der Blumen. Einem Mythos zufolge wurde sie einst von einem Pfeil Amors getroffen. Völlig überwältigt von der Liebe und vollkommen außer Atem rief sie in einem Moment der Verzückung nach Eros. Doch stattdessen kam der Laut „ros" aus ihrem Mund. So wurde „Rose" zu einem neuen Begriff für Eros, und gleichzeitig auch zum Symbol für Liebe, Schönheit und Leidenschaft. Eine andere Version der Geschichte, in der Flora die Rose benennt, findest du auf Seite 22.

Viele patriarchalisch ausgerichtete Religionen haben Sinnlichkeit, Sex, Vergnügen, Ekstase, Leidenschaft und Sexualität mit einem beschämenden Makel versehen. Einer der natürlichsten und genussvollsten Lebensbereiche wurde an Bedingungen und Regeln geknüpft. Ja, sogar verurteilt. Die Rose möchte, dass wir uns davon befreien, dass wir heilen und uns daran erinnern, dass Vergnügen, Sinnlichkeit, Lust und der Wunsch, diese auszuleben, zu den heiligsten und wundervollsten Dingen gehören, die ein Mensch auf der Erde erleben kann.

Diese Karte vermittelt eine Botschaft über das Empfangen und Spenden von Liebe und Lust. Flora möchte, dass du weißt, dass deine Sinnlichkeit, deine Leidenschaft und deine Sexualität (unabhängig davon, wie du dich selbst damit identifizierst) heilig sind. Sie möchte, dass du dich mit deiner wahren sinnlichen Natur verbindest. Und dass du sie in allen Menschen anerkennst.

ROSEN-ÜBERTRAGUNG

Meine Sinnlichkeit ist unantastbar und heilig.
Die Sinnlichkeit anderer Menschen ist
ebenso unantastbar und heilig.
Ich öffne mich, um Liebe auf eine Weise
auszudrücken und zu empfangen,
die sich für mich angenehm und gut anfühlt.
Ich lasse schmerzhafte Programmierungen
und Erfahrungen los
und kehre zur wahren Liebe zurück.

△

DIE WIEDERVEREINGUNG

Seelen-Erkennen. Zusammenarbeit. Partnerschaft. Freundschaft.

Mystiker*innen haben seit jeher von dieser gegenwärtigen Epoche der Geschichte erzählt. Und du hast dich entschieden, mitten in ihr zu inkarnieren. Aber du hast das nicht allein getan. Wir kamen in Wellen und mit gemeinsamen Seelenmissionen hierher. Du warst nie dazu bestimmt, diesen Weg allein zu gehen. Es ist an der Zeit, uns wieder zu vereinen. Es ist wichtig, dass wir uns daran erinnern, dass wir nicht miteinander konkurrieren, sondern die Verantwortung füreinander tragen. Das ist der Weg der Rose. Mutig zu blühen, ohne darauf zu achten, was andere machen und denken. Und sich nicht bedroht fühlen, wenn andere neben dir das Gleiche machen.

Die Rose öffnet und verschließt sich, unabhängig davon, wer vorbeikommt: Sie offenbart der Welt ihre Schönheit, ohne zu zögern. Du bist hier, um es ihr gleich zu tun. Es gibt Menschen, die sich auf einer Seelenebene dafür entschieden haben, mit dir auf diesem Planeten zu wandeln. Aber damit sie dich überhaupt finden können, musst du für sie sichtbar werden. Offenbare dich der Welt. Öffne dein Herz und deinen Geist für ein Miteinander. Verzichte auf Konkurrenzkämpfe.

So viele von uns, vor allem Frauen, haben gelernt, einander zu misstrauen, als ob wir in einem ständigen Wettbewerb stünden. Diese Karte vermittelt die Botschaft von Kooperationen, Partnerschaften und Freundschaften. Sie ist eine Bestätigung dafür, dass eine oder mehrere Personen in dein Leben treten werden. Oder aber ein Zeichen dafür, dass du dazu aufgerufen bist, mit jemandem, den du bereits kennst, ein Projekt zu verwirklichen. Entscheide dich dafür, gemeinsam zu erblühen.

ROSEN-ÜBERTRAGUNG

Ich lasse alle alten Konzepte des Wettbewerbs los.
Ich bin offen für Beziehungen und Kooperationen.
Es ist sicher für mich, zu vertrauen
und gemeinsam zu erschaffen.
Es ist sicher für mich, frei zu sprechen.
Es ist sicher für mich, klare Grenzen
zu setzen und zusammenzuarbeiten.

DIE WILDE ROSE

Mach es auf deine Weise. Umarme deine Einzigartigkeit.
Ungezähmt.

Wenn jemand sagt, dass du nicht normal bist, bedanke dich bei ihm. Wenn jemand sagt, dass das, was du tust, nicht normal ist, antworte mit: selbstverständlich. Die wilde Rose weiß, dass keine Rose wie die andere ist. Sie versucht nicht, in einer akkuraten Reihe nach einem bestimmten Zeitplan zu blühen. Sie öffnet und schließt sich nicht, weil jemand vorbeigeht. Sie vertraut auf ihr eigenes Timing und blüht mit leidenschaftlicher Hingabe. Sie ist unverwüstlich. Sie weiß, wer sie ist.

Die wilde Rose ist sich ihrer wahren, einzigartigen Natur bewusst und sie möchte, dass auch du dich an die deinige erinnerst. Sie weiß, dass das, was dich wild macht, dich auch befreit. Dass alles, was uns unterdrückt, uns Schaden zufügt. Dass unsere facettenreiche, ungezähmte Natur jetzt mehr denn je gebraucht wird.

Diese Karte ist eine Aufforderung, das zu tun, wodurch du dich am freiesten fühlst. Wodurch du dich spürst. Vertraue auf alles, was dich ausmacht. Auf deine Einzigartigkeit. Erkenne, dass du nie dazu bestimmt warst, dich anzupassen. Du warst nie dazu bestimmt, auf eine perfekte, gekünstelte Weise zu wachsen. Du warst nie dazu bestimmt, im Einklang mit jemand anderem zu erblühen. Du warst nie dazu bestimmt, eingesperrt oder kontrolliert zu werden.

Die Natur ist geprägt durch ihre Vielfalt. Für ihr Überleben ist diese unerlässlich. Und das gilt auch für uns. Sei also so, wie du sein möchtest. Bringe zum Ausdruck, was du zum Ausdruck bringen willst. Sing das Lied, für das du hier bist. Gemeinsam werden wir Wilden diejenigen sein, die alle befreien.

ROSEN-ÜBERTRAGUNG

Ich befreie mich von allem, was mich einschränkt.
Ich erlaube der einzigartigen Wildheit in mir, frei zu sein.

△

WIR SIND NATUR

Geerdet werden. Verkörperung.
Leben in Verbundenheit.

Wir haben eine Welt auf der anderen Welt errichtet. Wenn du das Wort „Natur" in einem Wörterbuch nachschlägst, wirst du feststellen, dass es sich auf Pflanzen, Tiere und Landschaften bezieht und nicht auf Menschen. Wir sprechen davon, dass wir „in die Natur gehen" oder „geerdet werden" müssen. Denn wir haben vergessen, dass wir nicht in der Natur existieren – wir sind Natur.

Indigene, auf der Natur basierende Kulturen, haben den Planeten und alle Lebewesen schon immer als miteinander verbunden und heilig betrachtet, die Menschen als eine Einheit mit der Natur selbst. Die Erde und Mutter

Rose rufen uns auf, zur Natur zurückzukehren, das Heilige wieder einzuweben, die Natur in den Mittelpunkt unseres Alltags zu stellen, uns selbst als Natur zu verstehen und mehr Zeit damit zu verbringen, mit der lebendigen natürlichen Welt zu kommunizieren. Wie steht es um deine Verbindung zur Natur? Wie ist deine Beziehung zu deinem Körper? Wie kannst du auf eine geerdete Weise leben?
Diese Karte ist eine Einladung, eine tiefere Verbindung mit der Erde zu entwickeln. Verbring aktiv Zeit in der physischen Natur, achte sie und akzeptiere deinen Platz als Hüterin oder Hüter der Natur. Erkenne das Heilige in allen Dingen des Lebens. Nimm die wechselnden Jahreszeiten im Außen und in deinem Inneren bewusst wahr, und erinnere dich daran, dass auch du ein Teil der sich ständig verändernden Landschaft der Erde bist. Erinnere dich daran, dass du die Natur bist und dass du dein wahres Selbst immer in der Natur finden wirst. Nimm deinen Körper als dein Zuhause an. Und den Planeten als deine Mutter.

SEELENFRAGE

Wie kannst du dich tiefer mit der Natur im Außen und deiner eigenen wahren Natur im Inneren vereinen?

Wie kannst du dich wieder stärker mit der Erde verbinden?

△

WIRF DEINE BLÜTENBLÄTTER AB

Transformation. Tod und Wiedergeburt.
Abwerfen. Alles ändert sich.

Es kommt der Tag, an dem wir nicht mehr zurückkönnen. In einem scheinbar flüchtigen Moment ist der Weg, der uns hierhergeführt hat, plötzlich nicht mehr gangbar. Wir wissen, dass die Dinge nie wieder so sein werden wie zuvor. Ein Tod, eine Geburt, ein Verlust, ein Erfolg, ein Ende, eine Entdeckung. Egal, wie sehr du dich bemühst, die Dinge sind jetzt anders. Du bist jetzt ein anderer Mensch. Die Welt ist jetzt eine andere. Was du einmal erblickt hast, kannst du nicht ungesehen lassen. Es gibt keinen Weg zurück. Etwas Neues wartet auf dich.

Dies ist eine Karte des Wandels und der Transformation. Eine Wiedergeburt erfordert Mut. Unter Abwerfen versteht man das Loslassen verschiedener Teile eines Organismus, etwa wenn eine Pflanze ein Blatt, eine Blüte, eine Frucht oder einen Samen abwirft. Die Rose weiß, genau wie der Phönix, dass wir das, was war, der Erde überlassen müssen, um transformieren zu können.
Wir können die Blütenblätter der Vergangenheit festhalten, wenn die Winde wehen. Aber irgendwann werden wir feststellen, dass der Wandel kommt, der Wandel naht, der Wandel schon da ist. Und während das, was einmal war, schon bald nicht mehr sein wird, und das, was bald sein wird, noch nicht da ist, ist es an der Zeit, deine Blütenblätter in den Wind zu werfen und die Chance zu nutzen, einen neuen Anfang zu wagen. Übergib das, was einmal war, dem Wind und lass ihn die Samen in dir nähren.
Es ist Zeit, sich hinzugeben, damit die Transformation stattfinden kann. Hätte die Rose ihre Blütenblätter nicht losgelassen, hätte es niemals eine neue Rose gegeben. Wenn wir den Mut aufbringen, was war loszulassen, werden wir von den Früchten der Zukunft begrüßt.

SEELENFRAGE

Woran klammerst du dich aus Angst,
dass nichts an seine Stelle treten könnte?

Δ

ZEIT DER BLÜTE

Verwirklichte Schöpfungen. Der richtige Zeitpunkt.
Ernte. Feiern.

Bei dieser Karte geht es darum, deinen Lohn für das zu ernten, was du erschaffen hast. Um Träume, die sich in Materie manifestiert haben. Versteh sie als eine Bestätigung dafür, dass du dich gerade in der Blütephase deines Wachstumszyklus befindest oder kurz davorstehst.

Es ist diese wunderbare Zeit, in der wir in unserer vollen Blüte stehen. Die Sonne scheint. Alles, was wir brauchen, steht uns im Überfluss zur Verfügung. Wir haben uns weiterentwickelt, haben vieles erreicht.

Unsere Träume haben tiefe Wurzeln geschlagen und sind in Erfüllung gegangen. Wir blühen auf. Und sind da angekommen, wo wir sein wollten. Wahrscheinlich werden wir jetzt draußen in der Welt auch von anderen verstärkt wahrgenommen. Unser Leben verläuft oft abenteuerlich, dynamisch, positiv und gut.

Diese Karte kommt mit der Botschaft, das Jetzt zu umarmen, es zu genießen. Feiere, was du erschaffen, was du erreicht hat. Genieße, was zu dir gekommen ist. Schwelge darin. Erfreue dich an der Schönheit. Trinke den Nektar. Lass dich vom süßen Duft dessen nähren, was dich in diesem Moment erfüllt. Genieße die Ernte. Halte inne und atme den Duft der Rosen deines Lebens ein. Das Leben verläuft zyklisch und die Blüte wird nicht für immer in voller Pracht stehen. Die Arbeit, die du in den verschiedenen Jahreszeiten deines Lebens geleistet hast, hat dich an diesen Punkt gebracht. Betrachte die Blüte nicht als selbstverständlich. Erfreu dich an ihr, solange sie da ist. Halt aber auch nicht zu lange an ihr fest. Lass sie sein, wie sie ist. In ihrer ganzen Fülle. Und wenn die Zeit gekommen ist, der Erde die Blütenblätter zurückzugeben – und du wirst wissen, wann es so weit ist – dann tu auch das.

ROSEN-ÜBERTRAGUNG

Ich lasse das Blühen geschehen. Ich widerstehe dem Drang, mich zurückzuhalten

Ich feiere alles, was ich erschaffen habe, und koste den Moment des Aufblühens mit allen Sinnen aus.

DIE ZWEITE BLÜTE

Eine zweite Chance. Es ist nie zu spät.
Neue Möglichkeiten.

Dies ist eine Karte der zweiten Chance, des Neuanfangs, der Regeneration und der persönlichen Weiterentwicklung. Es ist nie zu spät, dich dem zu überlassen, was in dir blüht. Alles, was zählt, ist, dass du dich den Knospen hingibst, die sich danach sehnen, zu wachsen und wahrgenommen zu werden. Ganz gleich, wie alt du bist oder was in der Vergangenheit geschehen sein mag, diese Karte ist eine Einladung, dich einer zweiten Blüte hinzugeben. Das Neue willkommen zu heißen und es mit der Welt zu teilen. All deine geheimen Leidenschaften, Sehnsüchte,

Schöpfungen und Bedürfnisse anzuerkennen und sie knospen und erblühen zu lassen.
Wenn wir akzeptieren, dass Dinge zu Ende gehen, wird es immer wieder einen Neuanfang geben. Wenn wir uns den Zyklen des Lebens anvertrauen, wird nach dem Winter immer wieder der Frühling kommen. Wenn wir die Samen in der fruchtbaren Erde hegen und pflegen, werden sie eines Tages aufgehen.
Gerade dann, wenn wir glauben, dass die Saison vorbei ist und der Winter naht, segnen uns einige Rosen mit einer unerwarteten zweiten Blüte. Wenn diese Karte in einem Legesystem auftaucht, ist dies wahrscheinlich ein Zeichen dafür, dass auch bei dir eine zweite Blüte ansteht. Möglicherweise hast du eine kreative Idee, die darauf wartet, umgesetzt zu werden. Oder vielleicht handelt es sich um eine neue Beziehung oder Leidenschaft in deinem Leben. Womöglich geht es sogar um eine neue Version von dir selbst, die darauf wartet, geboren zu werden.
Je offener wir für Veränderungen sind, desto offener sind wir für das Leben. Je offener wir für das Leben sind, desto offener sind wir auch dafür, wieder neu geboren zu werden. Denn das bedeutet es letztendlich, wirklich zu leben. Offen für all das zu sein, was geschieht, und Ja zum Leben zu sagen – damit du in dem Moment, in dem du deinen letzten Atemzug tust, immer noch voll bewusst da bist.

SEELENFRAGE

Welch unerwartete Idee möchte in dir aufblühen?

TIEFER GEHEN

Wenn du dich eingehender mit Rebeccas Arbeit befassen möchtest, hast du verschiedene Möglichkeiten, um dies zu tun.

DIE WEBSITE DES ORAKELS DER ROSE Um deine Verbindung mit den Karten zu vertiefen, die Einstimmung auf das Orakel der Rose und die Playlist zu erhalten, um dich mit Mutter Rose zu verbinden und um die Arbeit mit den Blumen sowie weitere Ansätze zu erkunden, wie du deine Seele wieder in den Alltag einweben kannst, besuche **www.theroseoracle.com.**

PERSÖNLICHE ORAKELKARTEN-LEGUNGEN Jeden Monat führt Rebecca eine kleine Anzahl von persönlichen, handverlesenen Legungen durch. Mehr darüber erfährst du unter **www.rebeccacampbell.me/readings.**

DU-BIST-DAS-ORAKEL-KURS Wenn du deine Verbindung zu den Karten und deiner Intuition vertiefen möchtest, besuche **www.rebeccacampbell.me/oracle.**

ORAKELKARTENDECKS
Work Your Light Orakelkarten
Das Starseed-Orakel

KURSE, MEDITATIONEN UND MITGLIEDSCHAFT
Um intensiver mit Rebecca zu arbeiten, besuche:
www.rebeccacampbell.me/shop.

BÜCHER
Letters to a Starseed
Rise Sister Rise
Light is the New Black

LITERATURVERZEICHNIS

Austin, D. *Die atmende Erde.* UK: Enitharmon Press, 2014

Austin, D. *English Roses.* UK: ACC Art Books Ld., 2012

Barker, C.M. *The Complete Book of the Flower Fairies.* Ausgabe 2016. UK: Frederick Warne, 1996

Carolus (1877), *SUB ROSA.* National Journal of Education, 5(6), 65: www.jstor.org/stable/44962498 [Zugriff am 3. Juli 2021]

Ferguson, J. (2019), *Astronomy Explained Upon Sir Isaac Newton's Principles:* www.gutenberg.org/ files/60619/60619-h/60619-h.htm [Zugriff am 8. Mai 2021].

Freeman, M. *Gral-Alchemie.* Vermont: Destiny Books, 2014

Giles, R. *Bloom.* UK: Tate Publishing, 2021

Gray, S. *Die geheime Sprache der Blumen.* Ausgabe 2015. UK: CICO Books, 2011

Hennessy, A. *The Healing Guide to Flower Essences.* USA: Quarto Publishing Group, 2020

Hess, K. und Schwartzberg, L. *Flowerevolution.* USA: Hay House, 2016

Mancoff, D. N. *The Pre-Raphaelite Languages of Flowers.* Ausgabe 2019. New York: Prestel Publishing, 2003

NASA Content Administrator (2021), *'A "Rose" Made of Galaxies':* www. nasa.gov/multimedia/ imagegallery/image_feature_2134.html [Zugriff am 17. Mai 2021].

Newcomb, L. *Newcomb's Wildflower Guide.* USA: Little, Brown and Company, 1977

Othoniel, J. (2019), *Die geheime Sprache der Blumen.* Frankreich: CPZ.

Pemberton, J. H. *Roses: Ihre Geschichte, Entwicklung und Kultivierung.* London: Longmans, Green and Co., 1908

Phillips, R. und Rix, M. *The Quest for the Rose.* New York: Random House, 1993

Powell, R. (2021), *"Sophia und die Rose der Welt":* https://sophiafoundation. org/wp-content/ uploads/2017/04/sophia-und-die-rose-der-welt-artikel. pdf [Zugriff am 22. März 2021).

Quest-Ritson, C. und B. *The Royal Horticultural Society Encyclopedia of Roses.* UK: DK., 2003

RHS Content Administrator (2021), *'Introducing Roses':* www.rhs.org.uk/ plants/popular/roses/ [Zugriff: 17. Mai 2021].

Seward, B. (1955), *'Dante's Mystic Rose. Studies in Philology* 52(4), 515-523: www.jstor.org/ stable/4173144 [Zugriff: 3. Juli 2021]

Smith, H. *The Bloom Book.* Boulder, Colorado: Sounds True. 2020

ÜBER DIE AUTORIN

Rebecca Campbell ist eine renommierte Bestsellerautorin, Dichterin, Mystikerin, Künstlerin, Ritualistin und Mutter. In ihren Werken widmet sie sich der Aufgabe, unsere Seele und das Heilige wieder in das tägliche Leben zu integrieren. Rebecca wurde in Australien geboren und lebt heute in Glastonbury, Großbritannien. Schon als Kind war sie von den großen Mysterien fasziniert und mit 18 Jahren folgte sie ihrem inneren Ruf zu einer Solo-Pilgerreise, um die heiligen Stätten ihrer Vorfahren zu entdecken. Seitdem hatte sie mehrere einweihende Erweckungs-Erfahrungen und arbeitet seit 2010 bewusst mit der Rose. Rebecca ist überzeugt, dass wir die Natur sind und uns wie die Natur ständig verändern. Ihre Bücher haben das Leben von Tausenden von Menschen verändert. Bevor sie Bücher schrieb, war Rebecca eine preisgekrönte Kreativdirektorin und Konzeptkünstlerin.

rebeccacampbell.me

@rebeccacampbell_author

rebeccacampbell.me/newsletter

ÜBER DIE KÜNSTLERIN

Katie-Louise ist eine intuitive spirituelle Künstlerin, die Visionen des Kosmos erschafft, die alles Schöne und Reine in unserem göttlichen Universum feiern. Ihre Visionen werden von den höheren Mächten in ihr Herz und ihre Seele übermittelt.

Ein wesentlicher Teil von Katie-Louises Inspiration konzentriert sich auf das göttliche Weibliche sowie die Magie, die uns täglich begleitet und die wir mitunter aus den Augen verlieren. Sie transformiert Schatten durch Alchemie, indem sie Licht, bedingungslose Liebe und strahlenden Glanz in all jene Schwierigkeiten zaubert, denen wir im Alltag gegenüberstehen.

@she_is_luminous

sheisluminous.com